Rudolph Freiherrn Procházka
Johann Strauss. Biografie

SEVERUS Verlag

ISBN: 978-3-95801-202-8
Druck: SEVERUS Verlag, 2015

Der SEVERUS Verlag ist ein Imprint der Diplomica Verlag GmbH.
Bibliografische Information der Deutschen Nationalbibliothek:
Die Deutsche Nationalbibliothek verzeichnet diese Publikation in der Deutschen Nationalbibliografie; detaillierte bibliografische Daten sind im Internet über http://dnb.d-nb.de abrufbar.

http://www.severus-verlag.de
Printed in Germany

Rudolph Freiherrn Procházka

Johann Strauss. Biografie

SEVERUS

Nach einem Original-Gemälde von Horovitz.

Johann Strauss

von

Rudolph Freiherrn Procházka

HERRN

ANGELO NEUMANN

DIRECTOR DES KGL. DEUTSCHEN LANDESTHEATERS IN PRAG

VEREHRUNGSVOLL

DER VERFASSER.

VORWORT.

„Als ich — so erzählt Paul Lindau — vor Jahren in Minnesotta war und in dem grossen Hotel Lafayete am schönen stillen See von Minnetonka Briefe nach Hause schrieb, hörte ich plötzlich die Klänge Straussscher Walzer, die im Erdgeschoss ein deutscher Klavierspieler den jungen Amerikanerinnen zum Tanz aufspielte. Und da war es mit dem Schreiben vorbei. Ich hörte beständig die lieben bekannten Weisen aus der Heimath, und während ich unbewusst auf den blauen Spiegel des Sees blickte, vergegenwärtigte ich mir zum ersten Male, wo ich war, und welche Ferne mich von der Heimath trennte. „Die Wacht am Rhein", mit der wir überall in Amerika beglückt worden waren, hatte diese Empfindung nicht in mir hervorzurufen vermocht. Beim Hören der Straussschen Walzer aber befiel mich das Heimweh.

Johann Strauss am See von Minnetonka! Es ist nicht zu verwundern. Wo wäre er nicht?" Dieser Grundzug im Wesen der Straussschen Musik, „für alle Deutschen, wohin sie auch verschlagen werden mögen, in der Fremde ein wahres Schibboleth" zu sein, setzt zugleich jene schier grenzenlose Popularität voraus, die sich hier mit hoher künstlerischer Meisterschaft zu einem einzig dastehenden Beispiel vereinigt und es begreiflich erscheinen lässt, dass die Herausgeber dieser Sammlung eilen, in die Gallerie der „Berühmten Musiker" auch das Lebensbild von Johann Strauss einzureihen; des Meisters, den ein Richard Wagner nicht minder hochschätzte, als dessen Gegenpapst Joh. Brahms; und dessen Name in den ernsten Blättern der Musikgeschichte nicht minder verführerisch uns entgegenklingt als in den Stimmungsschilderungen berühmter Romanciers. Dieses interessante, durch mannigfache Wechselfälle reich bewegte Künstlerleben zum ersten Male, seit es abgeschlossen vor uns liegt, binnen verhältnissmässig kurzer Zeit, wenn auch nur in kleinerem Rahmen zeichnen zu können, ermöglichte jene freundliche Beihilfe glaubwürdiger Zeugen und Kenner, die dem Biographen für die Authentizität der Darstellung und Zuverlässigkeit in der Prüfung des vorhandenen Materials Gewähr zu leisten vermag; es gilt der Familie, vor Allem der Wittwe des hingeschiedenen Meisters, deren warme Theilnahme an dieser Arbeit aus den Tagen tiefer Trauer heraus umso werthvoller bleibt, sowie der Schwester Fräulein Anna Strauss empfundenen Dank abzustatten, und nicht zuletzt des vorzüglichen Kenners der Straussschen Werke, Herrn Assessors Reichert dankbar zu gedenken. Zum äusseren Halt, sofern sie nicht durch vorliegende Arbeit selbst berichtigt erscheinen, dienten die auf Ludwig Scheyrers „Johann Strauss's musikalische Wanderung durchs Leben" (Wien 1851) beruhenden Monographien von Kleinecke und Dr. Eisenberg, dem das Verdienst gebührt, zuerst, und zwar wie er mir liebenswürdig mittheilt, auf Grund der Aussagen von Zeitgenossen des Vaters und Jugendfreunden des Sohnes Johann Strauss, dann aus älteren Zeitschriften (Allgem. Theater-Ztg., Wiener Musikzeitung, u. a. m.) reichliches Material zur Straussbiographie in seinem Buche zu Tage gefördert zu haben. Ausserdem steuerte die Wiener Presse aus den Jubeltagen des Jahres 1894, bis zu welchen Eisenbergs Biographie reicht, eine Fülle neuer Daten bei. Alle Haupt- und Nebenquellen sind getreulich im Theil der Anmerkungen angeführt, wohin auch verwiesen wurde, was mir nicht wichtig genug zur Aufnahme in den Kontext erschien, doch interessant genug, um der Vollständigkeit halber dem Leser nicht vorenthalten zu werden. Obzwar kein Freund des „Gänsefusstraktates" hielt sich doch gerade bei der biographisch-kritischen Würdigung Johann Straussen die getreue Wiedergabe besonders charakteristischer Urtheile bedeutender Zeitgenossen über den Meister für angezeigt.

Je sorgfältiger der Autor zu Werke gegangen, umso bewusster wird er sich der Lücken und Mängel seiner Arbeit zumal, wo sie der ersten zusammenhängenden Darstellung eines kaum abgeschlossenen Lebens gilt; umso dankbarer wird er auch jedes ergänzende oder richtigstellende Wort von berufener Seite zu Gunsten einer neuen Verarbeitung des Stoffes entgegennehmen.

Prag, 1. November 1899.

Rudolph Freiherr Procházka.

EINLEITUNG.

Für den flüchtig Geniessenden wie den Forscher ist keine Gattung der Kunst und keine ihrer Formen so untergeordnet, um sie gering zu achten, wenn eine Meisterhand sie pflegt und beherrscht. Verschaffen nicht, — auch nur den heitersten Seiten des Lebens abgewonnen, — ein Genrebildchen oder eine Statuette, ein kurzweiliges Lied oder Gedicht im Zeichen der Vollendung und künstlerischen Genialität zum Mindesten so viel Genuss, als ein Historiengemälde oder grosses Bildwerk, ein Drama oder eine Symphonie etwa Verdruss, wenn Stümperhände sich anspruchsvoll daran gewagt? Das zielt allerdings mehr auf eine gewisse Gepflogenheit, die Werke nach Schneidermaass zu messen, wie sie leider und fast nur im Bereiche der Tonkunst eingerissen hat, als etwa nach der Vertheidigung jenes umgrenzten Gebietes, dessen vornehmster Meister hier gewürdigt werden soll: des Gebietes der Tanzmusik. Als wären ihre Formen, ihre Namen nicht schon lange durch Gross- und Kleinfürsten unserer Kunst geadelt, die ohne Vorurtheil auch dieses Feld betraten: in klassischer Epoche Beethoven, Weber oder Schubert, in der modernen Liszt, Chopin oder Brahms! Eine Gattung der Musik, die trotzdem und mit Unrecht unsere Geschichten und Lehrbücher der Tonkunst noch sehr stiefmütterlich behandeln, obwohl die geschichtliche Entwickelung der instrumentalen mit jener der Tanzmusik Hand in Hand gegangen; mit um so grösserem Unrecht insbesondere, als hierbei das der letzteren vornehmlich innewohnende kulturhistorische Moment — unsere besten, ernstesten Musikschriftsteller haben wiederholt darauf hingewiesen — gänzlich übersehen wird. Treten uns doch aus den gemessenen Tanzweisen des 16. und 17. Jahrhunderts — in ersterem beginnt überhaupt die Tanzmusik tonkünstlerische Form anzunehmen — die seltsamen Schnörkel und steifen Gestalten dieser Zeit, wie aus den heiter naiven des 18. Jahrhunderts die graziösen Figuren des Rokoko sprechender, lebendiger als aus der besten Schilderung entgegen, bis dann am Ende der Mozart-Beethoventage plötzlich Carl Maria von Weber in seiner „Aufforderung zum Tanz“ das erste Mal die Saite neuzeitlichen, heisseren Empfindens, fesselloseren Fühlens trifft[1]), wie es dann die Begründer und Meister der eigentlichen Tanzmusik modernen Stils, an der Spitze Labitzky, Lanner und insbesondere die beiden Johann Strauss, namentlich in der durch ihre Hand so schöngestalteten Form des weltbekannten deutschen Rundtanzes, des Walzers mit seinem ausgesprochen Wiener Gesicht zur Höhe musikalischen Ausdrucks brachten.

Robert Schumann zeichnet (1835) ebenso poetisch als lebendig jenen Entwickelungsgang der Tanzmusik: „Wie politische Umwälzungen dringen musikalische bis in das kleinste Dach und Fach. In der Musik merkt man den neuen Einfluss auch da, wo sie am sinnlichsten mit dem Leben vermählt ist, im Tanze. Mit dem allmählichen Verschwinden der kontrapunktischen Alleinherrschaft vergingen die Miniaturen der Sarabanden, Gavotten etc., Reifrock und Schönpflästerchen kamen aus der Mode und die Zöpfe hingen um Vieles kürzer. Da rauschten die Menuetten Mozarts und Haydns mit langen Schleppkleidern daher, wo man sich schweigend und bürgerlich sittsam gegenüberstandt sich viel verneigte und zuletzt abtrat; hier und da sah man wohl noch eine gravitätische Perrücke, aber die vorher steif zusammengeschnürten Leiber bewegten sich schon um Vieles elastischer und graziöser. Bald darauf tritt der junge Beethoven herein, athemlos, verlegen und verstört, mit unordentlich herumhängenden Haaren, Brust und Stirn frei wie Hamlet, und man verwundert, sich sehr über den Sonderling; aber im Ballsaal war es ihm zu eng und langweilig, und er stürzte lieber ins Dunkle hinaus durch Dick und Dünn und schnob gegen die Mode und das Zeremoniell und ging dabei der Blume aus dem Weg, um sie nicht zu zertreten, — und die, denen solch Wesen gefiel, nannten es Capricen oder wie man sonst will. Eine neue Generation wächst indess heran; aus spielenden Kindern sind Jünglinge und Jungfrauen geworden so schwärmerisch und scheu, dass sie sich kaum anzusehen wagen. Hier sitzt Einer, mit Vornamen John, am Flügel und die Mondstrahlen liegen breit darauf und küssen die Töne: ein Anderer schläft dort auf Steinen und träumt vom wieder erstandenen Vaterland: an Mittheilung, Geselligkeit, Zusammenleben denkt Niemand mehr, Jeder geht einzeln und sinnt und wirkt für sich: auch der Witz bleibt nicht aus und die Ironie und der Egoismus. Im lustigen Strauss jauchzt noch eine hohe helle Saite empor, aber die von der Zeit gegriffenen tiefern scheinen nur eine Minute lang übertäubt, — wie wird Alles enden und wo gerath' ich hin?"[2])

Schumann, der an anderer Stelle[3]) bereits den älteren Strauss als einen Meister preist, der „in seiner Weise einen höchsten Ausdruck seiner Zeit" bedeute, hat nicht mehr den noch grösseren schöpferischen Ruhm des damals kaum erst flügge gewordenen jüngeren Strauss erlebt; hier tritt ein anderer Davidsbündler, A. Wilh. Ambros ergänzend ein, der in seinem geistvoll fesselnden Essay: „Karneval und Tanz in alter Zeit"[4]) (1871) bemerkt: „Wien darf sich rühmen, den echten und gerechten Apoll der Tanzmusik besessen zu haben: Joh. Strauss, dessen Geige die Wunder des Oberonhornes überbot. Die Traditionen jener goldenen Zeit des Walzers leben noch fort, sie greifen noch frisch ins frohe Leben hinein; der jüngere Johann Strauss lebt und musizirt, und die Masse vortrefflicher Tanzmusik, die Wien jährlich produzirt und consumirt — vom Export gar nicht zu sprechen — ist noch immer sehr ansehnlich. Wie würde Maximilian I. und sein Hof staunen, könnte er z. B. des älteren Strauss brillante, glänzend instrumentirte „Hofballtänze" hören!"

Zählt schon Johann Strauss der Aeltere zu jenen seltenen, glänzenden Erscheinungen in der Tonkünstlerwelt, deren Meisterschaft Kenner und Laien in gleich bezwingender Weise zu fesseln versteht, um wieviel mehr der jüngere Meister, eine Ausnahmserscheinung bereits an sich, wenn wir erwägen, was

1*

es in der Kunst bedeutet, einen Thron zu ererben, und nicht bloss zu behaupten, sondern auch sein Machtbereich noch grösser zu gestalten! Die Betrachtung des geschichtlichen Werdeganges dieses Künstlerlebens führt uns naturgemäss vorerst zu der Persönlichkeit seines leiblichen und geistigen Vaters zurück: zu dem Manne des Volkes, der zuerst sich jenen Thron errang, ein, wenn im Anfang auch noch so kleines Herrschergebiet, und die Ebenbürtigkeit mit den Grossen im Reiche schuf; zu jenem Manne, der nicht nur in den todten Blättern der Musikgeschichte unsterblich fortlebt im eigenen und in des Sohnes fascinirendem Doppelnamen: Johann Strauss!

VATER UND SOHN (1804—1849); JUNG STRAUSS (1825—1849).[5]

Es war das Wien der frühesten Grillparzerzeit. Musik durchschwängerte gleichsam die laue Luft des Capua der Geister, und zwischen ihren Polen hier, den ausgezeichneten Opernbühnen an der Wien, wie vor dem Kärnthnerthore! und der Wiege des Wiener Kouplets in der Leopoldstadt webten die Töne ein Milieu, das eine treffliche Studie über jene Tage plastisch abschildert: „Ganz Wien glich einem ungeheueren Konzertplatz, denn es mochte nur wenige Häuser geben, in denen nicht an jedem Abende die eine oder andere Familie mit einem Streichquartett oder einer Klaviersonate sich unterhielt. Aus den geöffneten Fenstern des Kaiserlichen Konvictes locken die Klänge des Schülerorchesters die von den Basteien heimkehrenden Spaziergänger an. Man sammelt sich in Schaaren vor dem Hause, der Verkehr ist vollständig gesperrt, denn die gegenüber wohnenden Geschäftsleute haben den Damen alle verfügbaren Stühle hinaus auf die Strasse gestellt. In den abgelegenen Gassen lustwandeln die Kinder mit verschlungenen Händchen und singen mehrstimmige Lieder. Das junge Volk aber eilt mittlerweile zur Mehlgrube, zum Sperl und wie die beliebten Tanzsäle heissen, in deren Dienste sich schliesslich die Walzerkunst eines Lanner und Strauss entwickelt hat. Aus allen Wirthshäusern tönte ein Geigen, Pfeifen, Brummen und Blasen, weil dem Wiener ohne Tafelmusik nichts schmecken wollte.“[6]) Aus einer Schänke drangen denn auch die ersten Geigentöne an das Ohr des Knaben, der am 14. März 1804 als Kind der armen, doch ehrsamen Wirthsleute Strauss[7]) in jenem unscheinbaren Hause der engen Flossgasse[8]) zu Wien geboren ward, wo später eine Marmortafel den ersten Lebenstag des Walzerkönigs verkünden sollte. Nur schlechte Proletariermusik war es, die den kleinen Johann aus der stillen Wohnung des Hinterhauses nach vorne in die belebte Schänke „Zum guten Hirten“ lockte, doch er, noch „jenseits von Gut und Böse“, stand mit glückstrahlendem Kindergesicht allabendlich am Tische der Musikanten und trank ihnen die Töne von den Instrumenten; so beständig und verzückt, bis die Eltern selbst einmal zum Namensfest ihm keine grössere Freude zu schenken wussten, als eine kleine Geige! Eine Lorbeer- und Leidenskrone fürs Leben drückten sie so dem Kinde selbst in die Hand.

Klein Johann war selig im Versuche, die eben gehörten Lieder und Tänze auf seiner Violine — war sie auch billig, schlecht, so war sie doch zum „Greifen“ echt — mit immer besserem Gelingen nachzuspielen, bis eines Tages die Schule dem kindlichen Glück ein jähes Ende bereitet. Fleiss und Aufmerksamkeit des Schülers sind dahin, sobald nur in der Nebenklasse die Geigenstunde beginnt; Rügen und Strafen bleiben erfolglos; erst die auf Bitten des Lehrers selbst erhaltene Erlaubnis, die Musikstunde besuchen zu dürfen, hilft. Hier entwickelt zwar Johann mehr Fleiss und Eifer, doch da gebricht es wiederum an einer entsprechenderen Lehrkraft für das Talent des Knaben, zu dessen Ausbildung nach solcher Richtung hin die Eltern weder Geld noch Lust besassen. Im Innersten den immer mächtiger werdenden Trieb nach „etwas Höherem“ und das Gefühl persönlicher Ohnmacht äusseren Hindernissen gegenüber — das gab wohl in der Brust des Kleinen einen Zwist, der, wenn auch kaum bewusst und kaum begriffen, vielleicht den Keim zu jener gewissen Zerfahrenheit des Wesens legte, die später dem gereiften Manne zeitlebens zu eigen schien. Die Eltern freilich sahen täglich nur das „Musikerelend“. Eh dass er ein solcher „Brat'lgeiger“[9]) werden soll, der Bub', lieber lern er ein Handwerk, das goldenen Boden hat, wenn's mit den Studien nicht weiter geht! Eine Katastrophe greift leider ein: missliche Vermögensverhältnisse treiben den alten Strauss in den Tod, den er in den Wellen gesucht hat.[10]) Die arme Wittwe kann die Kinder nicht mehr erhalten. Nun muss der verwaiste Johann ein Handwerk lernen und — wird Buchbinderlehrling! Ein Glück, dass der gestrenge „Meister“, der nur den Deckel zum Topf der Bücherweisheit kennt, auch eine Frau Meisterin hat! Sie, die erste fühlende Frauenseele, die nach seiner Mutter in das Leben des Knaben werkthätig eingegriffen,[11]) steckt dem sympathischen Johann statt der Geige, die der strenge Herr ihm konfiszirte, weil er mit ihr das Glück der Feierabendstunden über Gebühr ausgedehnt, heimlich eine neue zu; sie ist es auch, die ihn nach bittern Tagen auflehnenden Trotzes und seiner harten Bestrafung aus dem Gefängniss auf dem Dachboden befreit, wohin der böse Meister den Widerspänstigen eingesperrt. Johann ist erlöst, und mit seiner unzertrennlichen Begleiterin, der Violine, flieht der Vierzehnjährige' nach der lachenden, lockenden Höhe des grünen Kahlenberges; dort, im Kasino, will er als Geiger sein Brod und Glück verdienen! Aber all die Aufregung lässt ihn erschöpft am Wege hinsinken; und so findet ihn ein freundlicher, gütiger Mann, dem der aufgeweckte Junge schon in der Stadt angenehm aufgefallen war, da er ihm täglich mit der Geige auf dem Wege zur Schule begegnet; es war der Musiker Polischansky. Der Knabe schüttet sein Herz aus und der Gönner nimmt ihn zu sich auf, beruhigt die zu Tod erschreckte Mutter, die nur froh ist, dass nicht die Donaunixen ihr Kind geraubt; sie verzeiht und der Fürsprecher des energischen Jungen erwirkt nun leicht das ersehnte Jawort: nun mag er in Gottes Namen Musiker werden. Und so geniesst Johann im Sommerhause seines Gönners zu Döbling den ersten systematischen Violinunterricht. Ebenso strebsam als bescheiden wird er bald der Liebling seines Lehrers, durch diesen in musikpflegenden Privat-Kreisen als Violaspieler bei Hausquartetten empfohlen und so manch lohnendem Verdienste zugeführt — zu seiner und der Mutter[12]) jungen Freude.

Nachdem der erste Schritt geglückt, hilft der Ehrgeiz dem jungen Künstlerblute rasch weiter. Nicht allzulange darf jene mehr „häusliche“ künstlerische Thätigkeit den Jüngling befriedigen; ihn lockt der Zauber der Oeffentlichkeit und wir sehen ihn, der auch allsonntäglich auf dem Kirchenchore mitgeigte, um Geld zu verdienen, bald in Pammers Orchester[13]) wirken, um von hier aus den bedeutsamsten Schritt für sein weiteres Leben zu thun: Johann Strauss wird (1819) von dem nur um wenige Jahre älteren Josef Lanner „engagirt“.

Zwei musikalische Charakterköpfe hatte das Schicksal da zusammengeführt — just in dem Jahre, da Weber mit seiner „Aufforderung zum Tanz“ das Feuer auf einem bis dahin stillen Herde angefacht. Die beiden blutjungen Künstler ahnen nicht, dass sie an der gemeinsamen Wiege ihres hohen Ruhmes stehen den sie nun Schritt für Schritt, zuerst Schulter an Schulter, dann in gegenseitigem Kampf erringen sollen, bis sie zuletzt die Siegespalme wieder versöhnend eint. Josef Lanner am 12. April 1801 in Oberdöbling bei Wien geboren, war Autodidakt im Violinspiel und in der Komposition; er hat mit den Brüdern Drahanek ein Terzett gegründet, dessen Vorführungen beliebter Kompositionen — zunächst arrangirter Opernpotpourris, dann Lannerscher Tänze — sich grossen Beifalles erfreuten, und das nun, durch Hinzutritt des jungen Violaspielers Johann Strauss zum Quartett erhoben, in der Gunst des Publikums neuerlich stieg. Fragwürdiger als die künstlerische war gleichwohl die pekuniäre Seite dieses Unternehmens: man erhob kein Eintrittsgeld, sondern sammelte mit dem Teller die Tische ab — und dies zu besorgen hatte Strauss als Jüngster die Ehre! Aber das vierblättrige Kleeblatt lebte so fidel und munter in Tag und Nacht hinein, von der Hand in den Mund, dass unserem Johann die Sorgen, wie die sich öfters häufenden Schulden oder Pfändungen — es war einmal sogar sein einziger Anzug in Gefahr! — als reine Lappalien erschienen gegenüber den bitteren Leiden seiner Knabenjahre. Wo philosophisch-heiteres Sichergeben nichts nützte, half manchmal eine geniale Idee. Als beispielsweise die Quartettgenossen sich über seine schnarrende Viola beklagen, die ihr Ensemble

Vater Strauss.

schädige, und in ihn drängen, sich doch ein neues Instrument zu beschaffen, weiss er, dem ja hierzu nichts weniger als das Geld mangelt, der Sache überraschend einfach abzuhelfen: er giesst Bier durch die Schalllöcher des geschmähten Instrumentes, schüttelt dieses gehörig durch und es soll dann wirklich eine Zeit lang „schön und weich“ geklungen haben. Als aber die Bratsche nach solcher Procedur eines Tages mit Fug und Recht aus dem Leime ging, ward einfach eine neue — gepumpt.

In jenen lustigen Tagen, wo so recht die ganze Welt ihm zuzulachen schien, zog auch die erste Liebe in das junge Künstlerherz ein, das für die blonde „Christl vom Himmelpfortgrund“, des fürstlich Liechtensteinschen Hausarztes und Chirurgen Johannes Langguth Töchterlein brennt. Ihr und ihren Genossinnen zum Tanz aufspielend, soll der schwärmerische Jüngling seiner Geige im Angesicht des Mädchens die Klänge des ersten Walzers entlockt haben. Die ihm eigene Energie führte sogar zur Verlobung mit dem reizenden Backfisch — in vier Jahren sollte Hochzeit sein, wenn beide noch . . . . aber das Schicksal hatte ihnen andere Gatten bestimmt.[14]) Innige Freundschaft verband den jungen Strauss insbesondere mit Lanner. Sie wohnten mit einander und verstanden sich trotz der Verschiedenheit ihres Wesens, das äusserlich schon zu Tage trat und beider Spitznamen eintrug, deren sie sich auch gegenseitig bedienten: „Flachskopf“ hiess der blonde Lanner, „Mohrenschädel“ der brünette Strauss. Das Glück lächelte ihnen. Allmählich wird aus dem bescheidenen Quartett ein vollständiges Orchester, das, viel begehrt, förmlich in Mode kommt und sich oft noch theilen muss, um den verschiedenen Anträgen gerecht zu werden. In solchen Fällen tritt Johann Strauss an die Spitze der zweiten Kapelle und debutirt selbst mit Walzern eigener Komposition, die vorerst noch unter der Flagge des Lannerschen Namens segeln,[15]) augenscheinlich aber nicht nur aus diesem Grunde gefallen. Lanner sieht plötzlich seinen Freund Erfolge als Dirigent und Komponist erringen, die diesen selbst zu immer grösserem Ehrgeiz anstacheln der künstlerische Wettstreit führt zur Eifersucht, und wandelt die Freunde zu Rivalen. Strauss, der bereits nebenher eine selbständige Quartettgesellschaft gegründet und mit ihrem ersten Auftreten (beim „rothen Igel“ in der Leopoldstadt) in kurzer Zeit ein gut Theil der öffentlichen Gunst für sich gewonnen, scheidet am 1. September 1825 sammt vierzehn Musikern des Lannerschen Orchesters aus diesem, um seine eigene Kapelle — zuerst 6 Mann — zu gründen. Dass die nun offenkundige Rivalität nicht zur persönlichen Feindschaft zwischen beiden Künstlern ausgeartet, vielmehr deren freundschaftlicher Verkehr trotz Allem erhalten blieb,[16]) das betonte später Johann Strauss Sohn in seinem biographischen Vorwort zur Gesammtausgabe der Werke seines Vaters,[17]) indem er, den Scheidungsprozess näher erklärend, schreibt:

„Die geschäftliche Trennung wurde durch den Umstand herbeigeführt, dass mein Vater zufällig sein Kompositionstalent entdeckte. Das Komponiren war offenbar damals eine leichtere Kunst als heutzutage. Zur Hervorbringung einer Polka durchstudirt man jetzt die gesammte Musikliteratur und vielleicht auch noch einige philosophische Systeme. Früher gehörte zum Komponiren nur Eines: „Es musste Einem was einfallen,“ wie man sich populär auszudrücken pflegte. Und merkwürdigerweise „fiel Einem auch immer was ein.“ Das Selbstvertrauen in dieser Richtung war so gross, das wir Alten häufig eine Walzerpartie für einen bestimmten Abend ankündigten, von welcher am Morgen desselben Tages noch keine Note vorhanden war.

Krieger. Strauss. Eisele. Saphir. Fritsch. Graf Palffy. Graf Thun B. Graf Sandor. Pepi Biedermann.

Vater Strauss dirigierend im Volksgarten.

Nach einem Originale im Besitze von Frau Jenny Mauthner, Wien.

In einem solchen Falle erschien zumeist das Orchester in der Wohnung des Kompositeurs. Sobald dieser einen Theil fertig gestellt hatte, wurde er vom Personale für das Orchester hergerichtet, kopirt etc. Inzwischen wiederholte sich das Wunder des „Einfallens“ beim Kompositeur bezüglich der übrigen Theile; nach einigen Stunden war das Musik tück fertig, wurde durchprobirt und am Abend vor einem in der Regel enthusiastischen Publikum zur Aufführung gebracht. Lanner, der Leichtblütige, Leichtlebige, produzirte beinahe nie anders. Da widerfuhr es ihm, dass er eines Morgens sich sehr leidend und arbeitsunfähig fühlte, während für den Abend eine neue Walzerpartie angekündigt war, von der natürlich noch kein Takt existirte. Er schickte zu meinem Vater mit der einfachen Botschaft: „Strauss, schau', dass Dir was einfallt!“ Am Abend gelangten die neuen Walzer — selbstverständlich als Komposition Lanners — zur Aufführung und fanden ausserordentlichen Beifall. Dieser Umstand, sowie seine in dasselbe Jahr fallende Verheirathung, veranlasste meinen Vater, sich selbstständig zu machen.“

Frau Anna Strauss.

Es geschah nämlich eines Abends, da Johann Strauss, Lanner vertretend, an der Spitze des zweiten Orchesters stand, dass eine Jungfrau den Saal bet at, deren Liebreiz ihn augenblicklich fesselte und ihn Spiel und Ball förmlich vergessen machte; im Blick verfingen sich die Herzen und Frau Musika vermittelte das Bündniss. Er bringt dem musikbegabten Mädchen, das ihm zu Liebe das Guitarrespiel erlernt, seine jungen Melodien, die sie, wenn er auf seiner Geige phantasirt, ihm zum Entzücken begleitet. Im ersten Monat des Jahres 1825 hat Johann Strauss seine geliebte Anna Streim, das Töchterlein des Wirthes „Zum braunen Hirschen“ in Lichtenthal[18]) zum Brautaltar geführt.

„Hie Lanner — hie Strauss!“ ertönt’ es bald, als dieser vom Fasching des Jahres 1826 ab, wo er in den damals berühmten Sälen „Zum Schwan“ in der Rossau, in Döbling und „Bei den zwei Tauben“ (am Glacis) bereits vollauf zu thun hatte, die ersten unter seinem Autornamen erscheinenden Walzer erklingen liess. Die ersten drei „Täuberln“[19]), „Döblinger Reunion“ und „Wiener Karneval“ gefielen; das 1827 komponirte op. 4, der erste der „Kettenbrücken“-Walzer aber (vom Schild des Gasthauses „zur Kettenbrücke“ so benannt) schlägt durch, und von da ab ist nicht mehr Lanner der „Einzige“, der unübertreffliche, alleinherrschende Liebling der Wiener. Das Publikum hat offenbar auch an der äusseren, nicht eben grossen, doch schlanken Figur des jungen Künstlers, an seinem bescheidenen und dennoch selbständigen Auftreten Gefallen gefunden. Und dass Johann Strauss, sobald er nur den Bogen ansetzte, mit dem Zauber der Persönlichkeit, vor Allem seiner Blicke zu wirken vermochte, so sehr auch die eigenthümliche Form seines Kopfes — tête carrée sagten die Franzosen, wir beobachten sie auf dem köstlich charakterisirenden, vormärzlichen Bilde, „Strauss dirigirend im Volksgarten“ — vorher zu manchen Witzen Anlass bot, das lehrt uns ein Blick auf das Porträt, das einer seiner Freunde später von dem Meister entwarf:[20])

Sperl (in Wien).

„Viereckiger Kopf, — schöne, tiefliegende Augen — kühngewölbte Stirn, — starke Augenbrauen — kokettes Schnurrbärtchen — blendendweisse Wäsche, sorgfältig gepflegte Toilette. — Zuckende Lebhaftigkeit während des Spiels — ein Stück Fra Diavolo —. Im persönlichen Umgange bescheiden — schweigend — zuhörend —.“ Aber auch Musiker, wie Schubert, der nicht weite Wege bis an den Gürtel der Stadt scheute, um sich an einem neuen „Tanz“ zu erquicken, verehrten ihn. Drei Jahre noch und Johann Strauss sieht seine kühnsten Träume in Erfüllung gehen, da er mit seiner Kapelle, im Probespiel über andere Mitbewerber siegend, für sechs Jahre als Musikdirektor an das weltbekannte, zu jener Zeit vornehmste Wiener Vergnügungslokal beim „Sperl“ in der Leopoldstadt engagirt wird und der ungeheuere, einzig dastehende Zudrang von „ganz Wien“ zu diesen Soiréen und Faschingsabenden ihn mit dem Zauber seiner Geige und seiner Melodien zum vielbegehrten, dichterbesungenen Helden des Tages macht.[21]) Und sie schienen so plötzlich hereinzufluthen, die neuen Töne dieser „Walzer-Symphonie“, die Alles, Männer und Frauen mit sich fortrissen in „stürmisch jubelnder Gluth“!

Bevor dieser junge Zauberer kam, beherrschten den deutschen Tanzboden die Allemande, der Ländler, der behäbige, solide „Deutsche“. Im Versuch, den deutschen Langaus mit weitausgreifender Bewegung zu tanzen, lag der erste Anstoss zur Entwickelung des heutigen Walzers, der zuerst 1787 von der Bühne, aus Martins Oper, „Una cosa rara“[22]) in die vornehmen Tanzsäle überging.[23]) Während nun Haydn, Mozart, Beethoven die höfischen Tanzformen pflegten und verfeinerten, in ihrer übrigen Tanzmusik aber für die Entwickelung der Gattung belanglos blieben, hob Schubert zuerst den „Deutschen“ in eine höhere Sphäre und schuf in dieser Form (um 1820) eine

Fülle herrlichster Melodien, die ihren Einfluss auf das musikalische Dioskurenpaar Lanner-Strauss nicht verfehlen sollten. Den mächtigsten Impuls aber gab um die nämliche Zeit, wie schon erwähnt, Weber, der im „Freischütz“ noch der ältesten Walzerform gehuldigt und unversehens mit seiner „Aufforderung“, bis dahin unerhörte Töne anschlagend, das „Pathos der Liebe in diesen Tanz eingeführt“ hat.[24]) Nicht nur das deutsche Element kam dann durch Schubert, Lanner und Strauss im Tanz zu Worte, — Schumann sagt[25]), dass „Strauss in dieser Hinsicht ein wahrer Heiland“ sei — sondern auch das spezifisch österreichische. „Das Volk erkannte in den neuen Weisen seine eigenen Züge wieder und begrüsste jubelnd in ihnen — sich selbst. Lanner und Strauss hatten sich bald für ihre Musik eine eigene Kunstform geschaffen: sie hatten die ehemals unbeschränkte, bis zu zwölf Nummern steigende Anzahl von Einzeltänzen auf fünf zurückgeführt, eine Introduktion vorangestellt und ein Coda, eine Art Revue der vorangegangenen Einzelnummern, folgen lassen. So blieb es bis jetzt.“[26]) Lanner und Strauss beleben nun diese Form Jeder mit der Eigenart seines Geistes. Der Eine schafft den Wiener Walzer zum Allerweltsliebling, indem seine Musik Originalität mit Humor und einer gewissen sentimentalen Innigkeit zu verbinden weiss; er prägt den Stempel breiter, mehr behaglicher Melodiosität seinen Tänzen auf, die, zugleich glänzend instrumentirt, an innerem Werthe die des Anderen übertreffen. Dieser wiederum folgt jenem Beispiel mit einem Reichthum an Gefühl und Phantasie, schmückt seine Tänze (zuerst vornehmlich Walzer, später auch Quadrillen und Polkas) mit einer Fülle von melodischen, rhythmischen und harmonischen Reizen, schafft aber namentlich durch einen Zug der Pikanterie und orchestrales Raffinement ein neues faszinirendes Element hinzu. Seine Themen sind prägnant, gestaltungsfähig.[27]) Schumann sagt einmal, es gäbe Kopf-, Fuss- und Herzwalzer. „Die ersten schreibt man gähnend, im Schlafrock, wenn unten die Wagen, ohne einen einzuheben, zum Ball vorbeifliegen, sie gehen etwas aus C- und F-dur. Die zweiten sind die Straussschen, an denen Alles wogt und springt —, Locke, Auge, Lippe, Arm, Fuss. Der Zuschauer wird unter die Tänzer hineingerissen, die Musiker sind gar nicht verdriesslich, sondern blasen lustig drein, die Tänze scheinen selbst mitzutanzen; ihre Tonarten sind D-dur, A-dur. Die letzte Klasse machen die Des- und As-dur-Schwärmer aus, deren Vater der Sehnsuchtswalzer zu sein scheint, die Abendblumen und Dämmerungsgestalten, die Erinnerungen an die verflogene Jugend und an tausend Liebes.“[28]) Ich glaube, auch beim alten Strauss ist schon ein wenig Herzklopfen mit dabei.

Carl Maria von Weber.

(Zeichnung vom Jahre 1822 aus der im gleichen Verlage erschienenen Weber-Biographie von Gehrmann.)

Wir greifen zwar an dieser Stelle der zeitlichen Entwickelung vor, indem wir zu charakteristischem Beispiel einige der reifsten Schöpfungen von Vater Strauss heranziehen; um so ausgeprägter merken wir dafür jene Vorzüge, die in den ersten seiner Werke mehr minder schon im Keime liegen: so eine gewisse eindringliche, willenskräftig betonende Art der musikalischen Rede, wie in der zweiten Periode des zweiten Theils der „Hofballtänze“ (op. 51), wo die charak-

teristisch unterbrechenden unisoni (h c h, dann gesteigert h cis h) gleichsam im zärtlichen Geflüster des Paares ein nachdrucksvolles Wort von „ihm“ anzudeuten scheinen; die Pikanterie und Anmuth des Rhythmus wie zu Beginn des dritten Theiles des „Sorgenbrecher“ (op. 230);

das schwungvolle Wiegen der Melodie in der folgenden Periode,

die mit der schön ausgreifenden Modulation nach B, Es und D dur zu den einschmeichelndsten Tongedanken gehört. Und welch ein Schmeichler, Verführer, wenn er im „Philomelenwalzer“ (op. 82), 1. Theil, mit seiner Sirenengeige singend einsetzt;

und wie blitzt ihm wieder darauf der Schalk aus den blauen Augen, wenn er diese süsse Melodie in übermüthigen durch kokette Pralltriller verzierten Achtelschlägen endigt.[29]) Lacht hier nicht schon das leuchtende Augenpaar des Sohnes uns entgegen? Namentlich jenen für die Melodieführung des Letzteren, wie ich glaube, sehr charakteristischen, scharf rhythmisirten Schneller nach einem höheren Ton der Skala, jenen, den festen Willen zum Leben bekundenden, wienerischen Jauchzer, der den Kompositionen des jungen Strauss mit einen gewissen „schneidigen“ Zug verleiht wir finden ihn sehr scharf im Trio des berühmten Radetzkymarsches (op. 228)

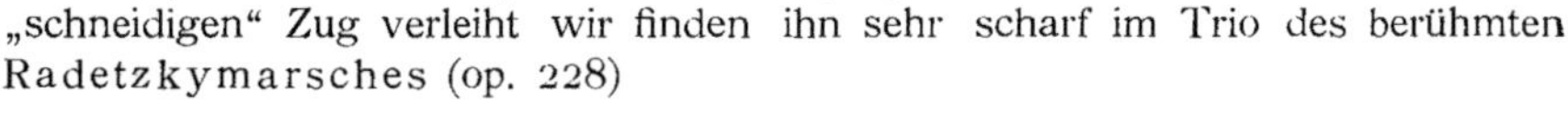

ausgeprägt, der in seinem prägnanten Hauptthema

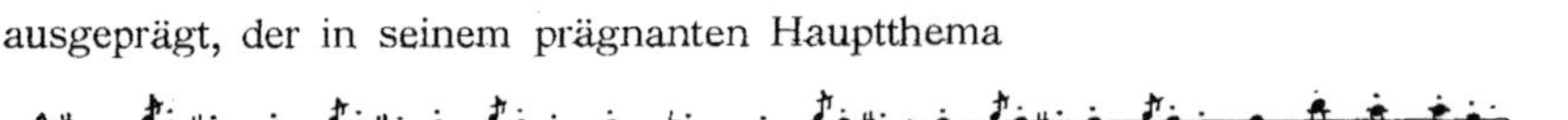

nicht minder elektrisirend und mit fortreissend auf den Soldaten, als der „Donauwalzer“ auf den Tänzer wirkt. Mit jenem Marsche trug der Vater, mit diesem Walzer der Sohn die sympathische Kunde von echt österreichischem Wesen und Gemüth durch die ganze Welt, ihr unterrichtender von ihm erzählend, als das beste, kulturhistorische Werk es je vermocht hätte. Dass all die prächtigen und oft umfangreichen Werke dem alten Meister überraschend schnell und leicht aus der Feder flossen[30]) — so entstand während des Aufenthaltes in der Seinestadt der „Paris“-Walzer (op. 101) eine Stunde vor Mitternacht als dem Beginne des Balles, und der „Reisegalopp“ (op. 85) wurde in der rumpelnden Postkutsche fertig — hörten wir bereits aus den Erinnerungen des Sohnes. Wenn gleichwohl diese Schöpfungen nichts weniger als den Eindruck flüchtiger Hingeworfenheit hinterlassen, vielmehr auch technisch den Stempel immer höheren Strebens tragen, beweist dieses vor Allem jenen unermüdlichen Fleiss, ohne den auch das grösste Genie machtlos ist; wie denn Johann Strauss noch in den Jahren 1835-36 bei dem Violinisten Jansa[31]) ebenso eifrig „in die Schule ging“, als er, der gottbegnadete Naturalist, bei J. R. v. Seyfried in die Geheimnisse der Theorie seiner Kunst einzudringen suchte. Ein Eifer, den er auch beim sorgfältigen Einstudiren der Werke mit seinem Orchester an den Tag legte. Und es gab oft schwierige Aufgaben zu bewältigen. Gebührt doch Johann Strauss als Musikdirektor das Verdienst, überhaupt „gute Musik unter das Publikum gebracht zu haben. Es gab keine Strausssche Produktion, wo nicht Werke von Beethoven, Mozart, Mendelssohn, Spohr, Weber u. A. auf dem Programme verzeichnet und mit grosser Präcision ausgeführt wurden. Unter den öffentlichen Instituten, die bis zum Jahre 1849 regelmässig Instrumentalmusik pflegten, muss man nach den „philharmonischen Konzerten“ gerechter Weise das Strausssche Orchester nennen, in seinen bescheidenen Gartenproduktionen konnte man viel bessere Aufführungen guter Instrumentalmusik hören, als in manchen Fastenkonzerten mit hochtönenden Namen“ (Hanslick; vgl. unten).

Jos. Lanner

(Nach einer Zeichnung aus dem Verlage von A. F. Czikak, Wien.)

Der Ruhm von Lanner und Strauss, neben denen im Genre später nur der Böhme Labitzky allgemeine Aufmerksamkeit erringen sollte[32]), war bald auch über die Grenzen der Heimath in alle Welt gedrungen, und Strauss' Blut ist viel zu unruhig, sein ehrgeiziges Streben nach immer reicherer, höherer Bethätigung viel zu fieberhaft, als dass er der Lockung, jene Grenzen persönlich mit seiner Zaubergeige zu überschreiten und auch auf fremdem Boden sein Glück zu versuchen länger widerstehen könnte. Es genügt ihm nicht, dass er bald allen Anträgen, die an seine persönliche Orchesterleitung seitens der öffentlichen Konzertinstitute wie der vornehmen Salons ergehen, kaum mehr folgen kann; dass er oft an 200 Musiker beschäftigen, und in mehrere Kapellen vertheilen muss. Er hat überdies ein kleines Eliteorchester zusammengestellt, mit dem er ausser der Tanzmusik auch das höhere Genre pflegt und, die „Wirthshausmusik“ so zur Konzertmusik erhebend, wie er den Walzer zum Konzertstück umzuwandeln beginnt, Ouverturen, Opern und klassische Stücke zu ausgezeichneter Aufführung bringt. Und an der Spitze dieses ausgewählten Orchesters, das alle anderen Wiens überflügelt und nurmehr in jenem des Kärnthnerthortheaters einen Rivalen hat, will er hinaus in die Welt. Anders Lanner, der zufrieden, mit der Veredelung der Volksmusik und des Geschmackes den Wiener Boden erobert zu haben, diesen mit geringer Ausnahme nimmer verlässt[23]). Seinen unruhigen Genossen aber zieht es immer weiter in die Ferne; ja es treibt ihn fort, was ihn hätte fesseln, halten sollen: das eigene Heim, die Familie. Zwist, Misshelligkeiten aller Art begannen bald die Ehe, die sich als Liebesbund so glücklich angelassen, zu trüben; und je glänzender die äussere Laufbahn, umso trauriger gestaltet sich von Jahr zu Jahr die Häuslichkeit des Künstlers, der schliesslich nurmehr in hastender, aufreibender Jagd von Erfolg zu Erfolg sein Ziel und vorübergehende Befriedigung erblicken soll.

Reich an Ereignissen für Strauss, hatte diesem das Vermählungsjahr (1825), kurz nach seiner Trennung von Lanner, am 25. Oktober ein zweites, die Erstgeburt der Familie gebracht: im Hause No. 115 der Lerchenfelderstrasse[34]), wohin das junge Paar bald nach der Verheirathung gezogen war, erblickte Johann das Licht der Welt; der Sohn, dessen vom Vater ererbtes Genie frühzeitig Mitschuld am Zerwürfnisse der Ehegatten tragen sollte. Fünf Geschwister folgten im Laufe der nächsten zehn Jahre nach: 1827 Joseph 1829 Netti, 1831 Therese, 1834 Ferdinand — ein kränkliches Kind, das schon im zweiten Lebensjahre starb — und 1835 Eduard.

Es wiederholt im Schoosse der Familie sich das Schauspiel: Polyhymnia kämpft mit Gewalt um ihre Jünger und entreisst sie profanen Lebenszwecken. Kein Anderer als der junge Vater Strauss, so bitter er auch an sich selbst ein unwiderlegliches Beispiel erfahren, wie vergeblich wahres Talent sich unterdrücken und in Ketten legen lässt, widersetzt sich mit der ganzen ihm eigenen Rücksichtslosigkeit und Energie der musikalischen Ausbildung seiner beiden hochbegabten Erstgeborenen, vor Allem Johanns, der uns am Abend seines Lebens die ersten Jugendjahre im Elternhause und den Vater liebenswürdig charakterisirend mit verklärten Blicken schildert. Etwas wie ein schwarzer Schleier liegt über jener Zeit gebreitet, von der Johann Strauss später einmal bemerkt, „er wisse von seiner Jugend so wenig Gutes zu sagen, dass er am liebsten davon schweigen möchte.“ [35])

„Mein Vater wohnte“, so plaudert einmal der Meister, „in einem besondern Appartement, abgesondert von der Familie, wie das bei seiner anstrengenden Lebensweise kaum anders möglich gewesen wäre. Im Fasching beschäftigte er nicht weniger als drei Kapellen, er fuhr von der einen zur andern, dirigirte ein paar Nummern und überliess dann die Leitung dem Orchesterdirigenten. Natürlich nahm diese Thätigkeit einen grossen Theil der Nacht in Anspruch. Und dann blieb er gewöhnlich noch mit guten Freunden sitzen. Er war zwar weder ein Trinker noch ein Raucher, aber in lustiger Gesellschaft weilte er gern.

Da wurde es denn oft recht spät, und mein Vater schlief dann bis tief in den Morgen hinein. Der Tag war gleichfalls besetzt, eine Menge von Besuchern kam, und dann forderten die Kompositionen viel Zeit. Es ist ganz natürlich, dass er da ungestört sein wollte. Dadurch aber kam es, dass er selten eine Ahnung hatte, was in der Familie drüben geschah. Nun liess er uns zwar Unterricht geben, mir und meinem Bruder Pepi — Eduard war damals noch zu klein — aber er glaubte, wir klimperten eben so schlecht und recht wie Dilettanten. Allein wir betrieben die Sache mit Passion, und ich darf wohl sagen, wir waren beide tüchtige Klavierspieler. Davon hatte er keine Idee.

Die Proben zu seinen Konzerten wurden in der Wohnung abgehalten, wir Buben passten genau auf jede Note, wir lebten uns in seinen Chic ein, und zu vier Händen spielten wir dann nach, was wir erlauscht hatten, flott, ganz in seinem Geiste. Er war unser Ideal. Wir waren oft in Familien geladen, bei Hohenblum, Hasenauer, Wissgrill etc., und da spielten wir denn unter grossem Beifall aus dem Gedächtnisse die Kompositionen unseres Vaters.

Eines schönen Tages gratulirte ihm ein Bekannter — es war der Verleger Carl Haslinger[36]) — zu unseren Erfolgen. Er war nicht wenig erstaunt. „Die Buben sollen herüberkommen", entschied er kurz. Wir schlichen, nichts Gutes ahnend, in das Zimmer unseres Vaters. In kurzen Worten setzte er uns auseinander, was er gehört hatte, und befahl uns, ihm vorzuspielen. Er hatte ein aufrechtstehendes Klavier, wie sie damals gebräuchlich waren. Pepi erklärte, auf so einem Klavier könnten wir nicht spielen. „Was?" rief er uns zu. „Darauf könnt's Ihr nicht spielen? — Auch gut! Der Flügel aus der Wohnung soll her!" — Der Flügel wurde gebracht, und nun spielten wir, dass es eine Art hatte; alle Orchesterstimmen brachten wir zu Gehör. Lächelnd hörte uns der Vater zu, und man sah ihm das Vergnügen und die Rührung vom Gesichte ab. „Buben, das spielt Euch niemand nach!" Das war alles, was er sagte, aber zur Belohnung bekam jeder von uns einen schönen Burnus. Trotzdem wollte mein Vater nicht, dass wir uns berufsmässig in der Musik ausbilden; auch die Mutter war nicht dafür. Doch die Liebe zur Musik hatten wir Buben von den Eltern ererbt, und das liess sich nun nicht halten. In späteren Jahren begünstigte dann die Mutter selbst infolge verschiedener Umstände unsere Neigung.

Geburtshaus von Johann Strauss.
(Photograph. Atelier Hans in Wien.)

Ich lernte auf eigene Faust Violine. Um meinen Lehrer aber bezahlen zu können, gab ich Klavierstunden, dem Sohne eines Schneidermeisters in der Leopoldstadt und einem etwa 13- bis 14jährigen Mädchen — Csihak hiess sie; sie wohnte mit ihren Eltern im Hirschenhaus. Vor etlichen Jahren habe ich sie in Ischl gesehen. Sechzig Kreuzer erhielt ich für die Stunde, damit bestritt ich meinen Violinunterricht. Nun sagte mir mein Lehrer, — es war des Vaters Primgeiger, Amon, der dadurch bald seine Stellung beim alten Strauss riskirt hätte[37]) — ich müsse immer vor dem Spiegel üben, um mir eine elegante Haltung und schöne Bogenführung anzugewöhnen, denn für jemanden, der sich exponiren müsse, sei Eleganz der Erscheinung unerlässlich.

Na, ich befolgte diese Lehren getreulich. Eines schönen Tages stehe ich wieder vor dem Spiegel und geige darauf los, da thut sich die Thür auf, und herein tritt mein Vater. „Was?“ schreit er, „Du spielst Geige?“ — Er hatte keine Ahnung davon gehabt. Durch einen Zufall kam er damals darauf, dass ich Berufsmusiker werden wollte. Es gab eine heftige und recht unerquickliche Szene. Mein Vater wollte von meinen Plänen durchaus nichts wissen.

Erst später, als ich schon etliche Erfolge aufzuweisen hatte, versöhnte er sich damit, und die Anerkennung, die mein künstlerisches Streben bei meinem Vater fand, zählt zu meinen schönsten und freudigsten Erinnerungen.“

Zwanzig Jahre umspannen diese in grossen Zügen zeichnenden Worte. Zwanzig Jahre, die ein Kämpfen und Ringen des jungen Künstlerherzens bedeuten, wie es in seinen Einzelheiten vielfach an die Jugendzeit des Vaters erinnert. Auch diesen kleinen Johann sehen wir frühzeitig aufmerksam den Klängen der Musik lauschen, und mit den Händchen nach Geige und Bogen haschen, nach den Tasten des Flügels greifen. In Salmannsdorf, in einem freundlichen Häuschen der Herrengasse, das, seiner Grossmutter gehörend, den Eltern von 1829 ab durch mehrere Jahre als Sommerwohnung diente,[38]) hat der sechsjährige Johann mit seinen Fingerchen auf einem alten Tafelklavier seinen ersten Walzer sich zusammengesetzt. Die feinfühlige, musikalische Hand der Mutter schrieb damals das Stückchen auf, das später unter dem Titel „der erste Gedanke“ (gleichsam das opus 0 des Meisters) im Musikhandel erschien.[39]) Auch diesen kleinen Johann fesselt in der Schule nur ein Gegenstand: Gesang. 1836—40 absolvirt der Knabe vier Gymnasialklassen, und obzwar ihn auch hier die Musik von den Vorträgen der Professoren vielfach abzieht, rechtfertigt das ihm ausgestellte Zeugniss doch nichts weniger als die Behauptung, er sei „kein guter Student“[40]) gewesen. Ein Jugendgenosse Straussens, der den Meister „einen Menschen von wohlthuender Wärme des Herzens und geradezu origineller Bescheidenheit“ nennt, mit ihm auf der Schulbank sass, erinnerte sich noch vor wenigen Jahren „an den lebhaften Schwarzkopf unter den Mitschülern der Prima des Untergymnasiums bei den Schotten aus dem Jahre 1838“ und theilt jenes Zeugniss mit, das dem „Strauss Joannes: e moribus — em; doctrina religionis — ad em; e doctrinae latinae linguae studio — I; e geographia — I; ex arithmetica — I zuerkennt, also keineswegs „einen Schluss auf Unlust am Studium oder unfreiwilliges Aufgeben desselben gestattet.“[41]) Johann verlässt das Gymnasium, um auf Wunsch des Vaters an der Technik Buchhaltung und Waarenkunde zu lernen. Auch er soll unbedingt eine „praktische“ Stellung ergreifen. So wünscht es der Vater, der seinen Söhnen nicht genug wiederholen kann, welch schweres Brod sein Beruf und wie wandelbar die Gunst des Publikums sei; „es brauchen nur zwei oder drei Werke nicht zu gefallen oder zu missglücken und gleich heisst es: auch dem Strauss fällt nichts mehr ein!“[42]) Eine allerdings richtige Bemerkung, deren Wahrheit so mancher Komponist schon, und auch der junge Strauss in späteren Lebensjahren an sich erfahren sollte.

Zwei Jahre trägt der junge Johann sein Joch, bis eines Tages ein „musikalisches Intermezzo“ ihn befreit. Während eines Vortrages des Professos H. ersucht ihn ein Schulkamerad — es war der spätere Hofmusikalienhändler Gustav Lewy — ihm eine Stelle aus der „Singschule“ leise vorzusingen. Da bricht aber Johanns musikalisches Temperament unversehens los und er singt jene Stelle so laut, dass Alles nach ihm schaut. „Wer ist der kecke Bursche“ fragt der Professor. „Strauss“ lautet die Antwort.[43]) Und er wird ausgeschlossen aus der Technik — zu seiner Freude, doch zum Verdruss des erzürnten „Alten“, der nunmehr seinem Sohne einen Privatlehrer hält, damit er sich für einen Posten bei — der Sparkasse vorbereite. Endlich aber schlägt auch diesem Johann die Stunde, wo Talent und Ehrgeiz über die Pflicht kindlichen Gehorsams siegen. Die ganzen Jahre über hatte Vater Strauss in fast grausamer Weise getrachtet, die Regungen des starken Talentes bei Johann im Keime zu ersticken; er schien blind und taub gegen die beredten Aeusserungen dieser Begabung, die bei Fremden staunende Bewunderung erregten und gerade ihm als Vater hätten Freude bereiten, schmeicheln sollen. Auffallen mussten sie seinem Kennerblick. War ihm doch eines Tages ganz eigen zu Muthe, als er — einige Zeit nach dem früher geschilderten Zwischenfall, da Johann und Joseph ihm vorgespielt hatten, mit Erfolg bemüht, des Vaters Orchestereffekte und scharfen Rhythmus möglichst herauszubringen, — am Klavier sass, nach einem Uebergang in der Coda des eben komponirten Walzers suchte, und plötzlich die Kinderhand Johanns über seine Schultern in die Tasten greift, den Uebergang, eine schwere Figur, mühelos spielt und der Kindermund ihm mit Ehrerbietung sagt: „Wie wärs denn, Papa, wenn Du so moduliren würdest!“ [44]) Aber von früh auf musste sich Johann ob seiner entschiedenen Vorliebe für die Musik vom Vater nur schelten lassen; in seiner Mutter allein fand er Stütze und Trost, und in ihrem energischen Beistand, all ihrem rührenden Opfermuthe, mit dem sie für das vollerfasste Genie des Kindes und seine Ausbildung eintrat, als klammerte sie sich immer mehr an das Herz dieses Kindes, je mehr sich das des Gatten von ihr entfernte, lag seine Rettung. Sie unterstützte mit ihren kargen Ersparnissen die ersten musikalischen Studien, von denen der Vater nichts wissen wollte und durfte; sie gab ihm heimlich eine Geige des Vaters, auf der er nun Tage lang übte, bis ihn jener, wie erzählt, überraschte und des Glückes beraubte.[45]) Nur die Mutter bewahrte ihn vor Verzweiflung, wenn oft jeder Tag furchtbare Auseinandersetzungen zwischen den Ehegatten, zwischen Vater und Sohn gebracht, die endlich, nachdem der Tyrann des Hauses sich allmählich von der Familie abgewendet, mehr und mehr zurückgezogen, im Jahre 1843 zur einzig möglichen Lösung des Konfliktes führten — zur Scheidung der Ehegatten.

Bei den Walzern von Lanner hiess es: „I bitt Euch schön, gehts tanzen!“; bei denen des alten Strauss: „Gehts tanzen, i wills!“ Mit diesen Worten hat Strauss Sohn einmal nicht nur die Wirkung der Melodien jener beiden Väter der Wiener Tanzmusik, sondern auch deren persönliches Wesen treffend charakterisirt. Aus Lanner, den der junge Strauss sehr schätzte und dessen Produktionen die feinfühlige Mutter Strauss zum Verdrusse des herrschsüchtigen Gatten mit Vorliebe aufsuchte, habe — so äusserte sich der Sohn[46]) — stets der weiche Lyriker gesprochen; aus seinem Vater der Despot: wenn dieser nur die Geige ansetzte, dann musste Alles gehorchen. Und fast hören wir schon aus dem Klang der Namen, dem weichen des Einen, und dem kurzen energischen des Andern, ein wenig jenen Charakter heraus, als hätte ihn das Schicksal im Voraus andeutend hineingelegt! Vater Straussens Geige wars, nach der Alles tanzen sollte, im Hause wie im Ballsaal; aber während er dort finsteren Auges nur Thränen erpresst und immer mehr von sich abstösst, lockt er hier lächelnd zur Freude und zieht alle Welt immer magischer an sich; indessen er dort ein blutendes Herz um das andere verliert, fliegen hier ihm tausend freudetrunkene zu; indem er sich und sein Orchester wiederholt unentgeltlich in den Dienst der öffentlichen Wohlthätigkeit stellt und Fremden aus Noth und Sorgen hilft, wo er nur kann, zeigt er seine mildthätige Hand — nur die Seinen kennen sie nicht; und je mehr er in der Familie an Einfluss und Ansehen einbüsst, um so höher steigt sein Ruhm, seine Bedeutung in der Welt. Sie freilich, den Zwiespalt im Herzen, zu geniessen, heisst nur Betäubung. Die jungen Jahre mit ihrer Lebenslust, wie diese dem animirenden Zusammensein mit Lanner einst entsprungen, sind auch dahin; aus Johann Strauss, vordem voll ruhiger Heiterkeit und Mutterwitz, wird mit der Zeit immer mehr ein äusserlich stiller, wortkarger Mann, immer seltener zugänglich dem Scherze; und nur die geheime Unruhe der Seele findet ein zitterndes Spiegelbild in jenem unstäten Wandern von Ort zu Ort, von Land zu Land, das von 1833 an sein Leben bewegt und seine Gesundheit untergräbt. Im Anfang, da er nach einem kurzen, doch erfolgreichen Ausfluge nach Pest bereits eine grosse Reise durch Europa plant, hält ihn noch der Kontrakt beim Sperl etwas zurück; er begnügt sich 1834 mit einer lorbeerreichen Fahrt nach Prag, Dresden, Leipzig, Berlin, namentlich hier vom preussischen Hofe und dem anwesenden russischen Kaiserpaare vielfach ausgezeichnet. Nur sein österreichisches Gemüth widersteht den Lockungen, wie dem Versuche der musikalischen Prinzessin Wilhelm, die ihn bewegen will, Wien mit Berlin zu vertauschen. 1835 bereist er mit seinem Orchester schon das ganze westliche Deutschland — in München von Ferdinand Raimund mit Rath und That unterstützt, überall von Erfolg und Beifall begleitet; den Winter über in die Sperlsäle zurückkehrend, wird er von seinen Wienern stets enthusiastisch begrüsst, jedesmal halten sie eine Auszeichnung für ihn bereit: das eine Jahr wird ihm, der nun auch zu Marschkompositionen angeregt wird (ich erwähne die „Parademärsche“ op. 73, 102, 144,[47])) die Kapellmeisterstelle des ersten Bürgergarde-Regiments, und 1835 als Zeichen besonderer Anerkennung die musikalische Leitung bei den Hofbällen übertragen. Ein förmlicher Triumphzug, der ihn durch vier Monate des nächsten Jahres durch Deutschland, Holland und Belgien führt,[48]) bestärkt ihn im Plane, für einen Winter Wien aufzugeben, um in Paris und London frische Lorbeeren zu ernten.

Allerdings scheint es mit dem Triumphe nicht in allen Städten so sicher bestellt und die Aufnahme manchmal etwas „kritisch“ gewesen zu sein. So fand ich in alten Zeitungsausschnitten aus dem Jahre 1836 einen drolligen Bericht aus dem kleinen Weimar, der uns zeigt, aus welchen Anfängen sich die folgenden Ruhmesreisen des alten, damals gleichwohl schon überall berühmten Strauss entwickelten. „Weimar — heisst es dort — kann nur wenig Geschmack für Musik haben, weil ihm die Maassstäbe fehlen. Aber Strauss elektrisirte die tanzlustigen Damen schon im Voraus, Alles schwärmte im Vorgenuss der wirbelnden Walzer und Galoppaden. Die nüchternen Vogelschiessen und Stiftungstage wurden eilig im Stich gelassen, und mit ungestümer Hast drängte sich die bunte Menge nach dem Saale des Stadthauses, in welchem Straussens begeisternde Tänze erschallen sollten. Bei spärlichem Kerzenschein standen fünf unscheinbare Männchen im schwarzen Frack mit weissledernen Handschuhen im grossen Saale des Stadthauses hinter zwei Geigen, einer Harfe, einer Guitarre und einem enormen Notenpulte. Es war ein Strauss von Brennnesseln, an dem sich unsere Schönen die Finger verbrannten. Aus den fünf

Saiteninstrumenten dieser Wiener schien die Melodie zu ertönen: Wir fünf brave Musikanten — Zogen her aus fernen Landen — Gebt uns etwas Brod und Geld — Dass wir kommen durch die Welt." Der Herr Referent, dessen Bosheit gleichwohl dem Ruhme des Meisters keinen Schaden zuzufügen vermocht, scheint in Leipzig einen Gesinnungsgenossen gefunden zu haben, der uns im Grunde doch nicht minder interessant berichtet, Johann Strauss hätte nicht mehr ganz den Beifall wie früher (1834) in Leipzig gefunden, da man ihm seine Spielmanier mehr oder weniger abgelernt habe; überdies stehe sein neuester Walzer „Die Nachtwandler" (op. 88) hinter den früheren weit zurück! „Der Saal war schön dekorirt. Hinter dem lebendigen Strauss stand ein transparenter Blumenstrauss. Man hätte auch den Vogel Strauss noch anbringen sollen, um alle Sträusse der Welt beisammen zu haben. Allein das erlaubte nicht die Diskretion gegen den guten Wiener, der, beiläufig gesagt, 60 Friedrichsd'or für Konzert und Ball erhielt." Anerkennend hingegen und den grossen Erfolg bestätigend lässt sich der „Hamburger Freischütz" vernehmen: Strauss wurde gehört, getanzt und sogar gegessen. „Gehört — in zwei Konzerten im Apollosaal, das erste zum Ersticken voll, das zweite sehr voll; zweimal in Altona im dortigen Museum, dito vor zahlreicher und glänzender Gesellschaft; zweimal im Hamburger Stadttheater bei sehr vollem, das erste Mal zum Erdrücken vollen Hause. Getanzt ist unser Walzervirtuos worden auf einem Ball im Hotel zur Stadt London (wo sogar das Gallerie-Publikum sehr interessant war; der Ball war für Tänzerinnen und Tänzer insofern etwas angreifend, als Strauss nach Wiener interessanter Weise seine Tempi etwas schnell nimmt), und im Museum zu Altona. Strauss gegessen wurde endlich auf einem Picknick im Salon des Herrn Rainville in Ottensen, wo für die Bagatelle von 6 Louisd'or per Kouvert lukullische Gerichte und Strauss, der mit seiner Gesellschaft vortreffliche Tafelmusik machte, servirt wurden." —

Ferdinand Raimund.
Aus dem Verlage von V. A. Heck, Wien.

Am 4. Oktober 1837 strömt halb Wien bei der Abfahrt der Eilwagen zusammen, die Johann Strauss mit seiner auserwählten, nunmehr 28 Mann starken Kapelle in so weite Fernen, auf so lang entführen sollen — zu jener Zeit kein geringes Unternehmen, dessen Kosten überdies durch Straussens Generosität seinen Orchestermitgliedern gegenüber, die er durch möglichst gebotene Bequemlichkeit für die Reisestrapazen entschädigen wollte, immense Summen verschlangen. Der Erfolg, den er bereits auf den Reisestationen von München bis Strassburg erringt, — hier lösen seine schmeichelnden Weisen einen patriotischen Sturm von Beifall über den während des Konzertes verkündeten Sieg von Constantine und Danrémonts Heldentod aus — bleibt ihm auch auf dem heissen französischen Boden treu. Gleich mit dem ersten Konzerte in der Seinestadt (1. November) erringt er, mit seiner Musik wie durch seine lebhaft elegante Persönlichkeit die Pariser faszinirend, reichsten Beifall und den Sieg über die gefürchtete Konkurrenz Dufresnes wie vor Allem des 96 Mann starken Orchesters von Musard, um dann im Verein mit diesem dreissig Konzerte zu absolviren, die seiner numerisch schwächeren Kapelle den

Löwenantheil des Erfolges bringen. Gewöhnlich verliess das Publikum nach der ersten von Strauss dirigirten Abtheilung das Konzert, ohne sich für Musards weitere Produktion zu interessiren. Das Wiener Orchester erschloss den Parisern erst das ihnen bisher fremd gebliebene Wesen des Walzers. Bis Ende Februar hatte Strauss fast täglich zu spielen; auf keinem Feste, keinem Balle durfte der Walzerkönig fehlen und der Hof, die führenden Staatsmänner, alles was nur Rang und Namen besass, wetteiferten in Beweisen der Ehrung für den Gefeierten. Berühmte Musiker wie Cherubini — ein geradezu begeisterter Verehrer seiner Muse, der ihm ein Veilchenbouquet zuwarf — Auber, Paganini, Berlioz, der Strauss in mehreren Zeitungsartikeln voll warmer Anerkennung begrüsste, wie die gesammte Presse nur von seinem Lobe widerhallte, Meyerbeer u. A. fanden sich bei den Soireen als aufmerksame Zuhörer ein. Der Komponist der „Hugenotten“ meinte: „Das ist eigenthümlich, das kann man nirgend sonst hören, das ist das wahre Wiener Leben, das aus diesen Walzern spricht. Und das kommt Alles von diesem einfachen Manne, der in seinem Genre unübertroffen dasteht.“ Von seiner Begegnung mit Paganini erzählte Strauss seinen Kindern mit stolzer Freude. „Als er — so berichtet der Sohn — das Dirigentenpult betrat, bildeten weissgekleidete Damen vom Zuschauerraum zum Orchester ein Spalier. Paganini schritt durch dieses auf meinen Vater zu und reichte ihm vor dem ganzen Publikum die Hand. Die Ehrung hat meinen Vater mehr erfreut, als so viele andere, die ihm dargebracht wurden.“ So stark ist der Erfolg, dass er mitunter selbst feindlichen Anschlag auf das Leben des Walzerkönigs zeitigt — wenigstens muss dieser sich zweimal durch einen Sprung zu rechter Zeit aus dem Wagen retten, der ihn nach dem Konzerte anstatt nach seinem Hôtel einmal geraden Wegs in die Seine, das andere Mal nach einer unbekannten, freien Gegend führen will. So interessant auch die einzelnen Etappen und Abenteuer dieser grossen Ruhmesreise hier zu lesen wären, muss doch auf ihre nähere Schilderung in Kleineckes Biographie verwiesen werden. Nur aus den wenig bekannten Erinnerungen des Sohnes sei noch folgendes Erlebniss aus den Pariser Reisetagen nacherzählt: „Damals war die Post das einzige Beförderungsmittel und man musste in jeder Stadt im Voraus den Platz in der Kutsche bestellen; gewöhnlich wurde auch die Verpflegung zugleich entrichtet. Nun hatte mein Vater in seinem Programm ein Potpourri, in dem eine Drehorgel vorkam. Es war zu befürchten, dass diese Orgel bei dem Gepäck Schaden nehmen könne. Was thut mein Vater? Er bezahlte für die Orgel den Platz in der Kutsche, sie fuhr mit ihm und an der Wirthstafel erhielt sie gleichfalls ihren Platz als Reisender, da ja die Verköstigung in dem Fahrgeld inbegriffen war. Natürlich machte das viel Spass.“

Nur flüchtigen Blickes können wir hier Strauss Vater aus dem Lande der Galanterie — auch in Rouen und Havre ward er begeistert aufgenommen — nach Belgien und den Niederlanden begleiten, wo die bereits bestehenden Eisenbahnen es ihm ermöglichen, einen Monat hindurch fast täglich in einer anderen Stadt zu konzertiren. Beinahe sieht er die nun folgende Reise nach London scheitern. Die Orchestermitglieder, deren einige schon in Paris von Heimweh überfallen und kontraktbrüchig wurden, — verschwören sich gegen ihren Führer, muthlos und unzufrieden durch einen Genossen gemacht, der selbst sich an ihre Spitze stellen und sie bewegen will, Strauss zu verlassen und die ungewissen Aussichten im Nebellande mit dem sicheren Verdienst in der sonnigen Heimath zu vertauschen. Strauss entdeckt rechtzeitig noch das Komplot und es gelingt ihm — ein Beweis seiner willenskräftigen, beeinflussenden Persönlichkeit — die Leute sich und seinen Plänen wiederzugewinnen. Sie folgen ihm — nur der gescheiterte Kapellmeister in spe fährt allein nach Wien zurück. Die ersten Londoner Tage gestalten sich wenig glücklich. Strauss ist u. A. gezwungen, den brieflich abgeschlossenen Vertrag wegen der Verpflegung, die sich als schlecht erweist, zu brechen, wird verklagt und zu Entschädigungskosten verurtheilt; nicht genug daran, wird im Hotel ihm ein namhafter Geldbetrag auf Nimmerwiedersehen gestohlen und nur der reiche Musikverleger Cocks, den er mit einer gangbaren Walzerpartie bereichert, rettet ihn aus Geldverlegenheit und vor dem Schuldgefängniss. Das erste Konzert (17. April) in Hannover Square ist schlecht besucht, wenngleich die Aufnahme des Publikums und der Presse begeistert. Aber Strauss' Glück und ungebrochene Unternehmungslust siegen. Die nächsten Konzerte sind ausverkauft und locken die berühmtesten Musiker am Platze herbei: Moscheles konzertirt gemeinsam mit dem Walzerkönig, und an einem der Abende tritt die elfjährige Violinvirtuosin Teresa Milanollo[49]) zum ersten Mal auf. Der österreichische Gesandte Fürst Esterhazy vermittelt das Engagement für die Hofbälle und Feste des Adels; während der Krönungsfeier Prinzessin Victorias darf Strauss nirgends fehlen. Zweiundsiebzig Konzerte giebt er in der Zeit vom 17. April bis zum 28. Juli. Ebenso gross als der künstlerische und materielle Erfolg ist die physische Anstrengung; er aber kennt kein Ermüden. Bereits am 31. Juli konzertirt er in Manchester, dann in Liverpool Dublin, Birmingham, Bath, Portsmouth u. s. f. Abermals hat er die Unzufriedenheit seiner Orchesterleute zu bekämpfen; ihn, dessen Häuslichkeit zerrüttet, plagt nicht das Heimweh, im Gegentheil, er trägt sich mit weitfliegenden neuen Plänen, einer Amerikareise! Vorläufig aber galt es noch kontraktlichen Pflichten in England nachzukommen, das seine Leute bereits satt hatten. Wieder gelingt es ihm, diesmal mit diplomatischem Geschick, der Verschwörung Herr zu werden, die Kapelle sich zu erhalten. Nach einem als angebliche Rückkehr gedeuteten Abstecher nach der französischen Küste, wo in Boulogne, Abbeville, Havre und Rouen gespielt wird, und neuerlichen diplomatischen Unterhandlungen geht es abermals nach allen grösseren Städten des Inselreiches bis nach Glasgow und Edinbourgh. Hier beginnt sich zum erstenmal all die dem Körper sorglos zugemuthete Anstrengung zu rächen — der Meister wird von heftigem Schüttelfrost befallen. Trotzdem will er den eingegangenen Verpflichtungen nachkommen. Acht Städte bereist er in täglich sich verschlimmerndem Zustand und kommt schwer krank nach Leicester, wo er nur noch einen Theil des Konzertes zu leiten vermag. Ein wenig erholt gelangt er bis Calais, um während des Abschiedskonzertes daselbst (im Saale der Philharmonie) von Fieber und Schwäche befallen bewusstlos niederzustürzen. Die Tournee hatte jetzt ein jähes Ende; nun durften die Mitglieder der Kapelle die ersehnte Heimfahrt antreten; nur der wackere Klarinettist Reichmann bleibt in Paris bei dem todtkranken, in wilden Fieberphantasien liegenden Meister zurück, um ihn, der von den Aerzten in Strassburg und München förmlich aufgegeben wird, unter aufregender und aufopfernder Mühe heim zu bringen. Viele Freunde und Verehrer des Meisters kamen ihm schon vor Wien entgegen. Hier angelangt, wird dieser neuerlich von heftigem Nervenfieber gepackt und nur seiner kräftigen, zähen Natur und den Bemühungen seines Namensvetters, des trefflichen Arztes Dr. Strauss, verdankt er es, in verhältnissmässig kurzer Zeit wieder hergestellt zu sein.

Kaum genesen, spottet Johann Strauss, dessen Geist keine Ruhe kennt, aller Vorstellungen der Aerzte und Freunde, indem er den Wienern sein erstes Wiederauftreten ankündigt. Im grossen Sperlsaal giebt es am Abend dieses Wiedersehens nach zwei Jahren ein Drängen und Beifallsstürmen, dass die Rührung darob den Körper des blassen Meisters ganz durchzittert. Der Jubel der Menge bricht immer wieder los und will nach dem Vortrag des für diesen Abend komponirten Walzers „Freudengrüsse" (op. 105) kein Ende finden. Das alte süsse lang entbehrte Gift berauscht ihn wieder, und der Meister spielt, dem abmahnenden Rathe des Arztes trotzend, den ganzen Fasching bei Bällen und Konzerten, wie bei den Festen der Aristokratie und Finanzwelt, bis er am Ende des Karnevals auf einem Balle beim russischen Gesandten plötzlich todtkrank zusammenbricht. Ein schmerzvolles Leiden fesselt ihn monatelang ans Bett. Wieder ist alles Hoffen auf Genesung verschwunden — doch noch einmal gelingt es den tüchtigen Doktoren Strauss und Steinmassl, dem Tode sein Opfer zu entreissen. Und am 1. Mai 1839, bei seinem Genesungsfest im Augarten, jubeln die Wiener abermals ihrem geretteten Liebling begeistert zu, der nun in den nächsten Jahren, von kurzen Ausflügen (nach Brünn, 1841 nach Pest und Pressburg) abgesehen, den heimathlichen Boden nicht verlässt. Zu dieser Zeit verschafft Joh. Strauss der französischen Quadrille, von op. 124 („Wiener Karnevals-Quadrille") an auch dieser Tanzform öfter huldigend, Eingang in die heimischen Tanzsäle, wo er bald, wenngleich ohne rechte Freude, allein das Szepter führen soll: am 14. April 1843 wird unerwartet Josef Lanner vom Typhus dahingerafft. Tief ergriffen geleitet Johann Strauss, an der Spitze der Kapelle des Bürgerregiments, den einstigen Rivalen zu Grabe, fühlend, dass mit dem Jugendgenossen und Freunde nun ein Theil seines Lebens mit dahingegangen ist.[50]) Ein „endlich allein!" von bitterer, herberBedeutung. Als gäb es nur noch ein halbes Leben für ihn! Und doch beginnt sich dieses bald ihm zu ergänzen — in einer Weise freilich, gleich unerwünscht wie gefürchtet. Wohl ist er jetzt Alleinherrscher auf dem Throne, aber auf dessen Stufen sieht er plötzlich, den er so ängstlich ferngehalten — den eigenen Sohn! Doppelter Unwille steigt in ihm auf: gegen die Renitenz seines Sprösslings und gegen diese Hand, die es wagt, nach seinem Lorbeer zu greifen. Er hat sich kaum erst auf „einsamer Höhe" gefühlt, als „Erster und unübertrefflich in seinem Fache" gepriesen und einstimmig anerkannt vom Urtheil der Laienwelt und Kritik. Und „jetzt will der Bub', der Johann, auch Walzer schreiben, wo er keinen Dunst davon hat, und es mir Mühe macht, in zwölf oder acht Takten irgend etwas Neues zu bringen." Ob wirklich gesprochen oder nicht, die Worte charakterisiren doch jene Verstimmung, die den alten Strauss angesichts des unerwartet eingetretenen Ereignisses packt, da er in den Zeitungen eine, wenn auch in ganz bescheidener Form eingerückte „Ankündigung" liest: Einladung zur soirée dansante, welche Dienstag, 15. Oktober 1844 selbst bey ungünstiger Witterung in Dommayers Kasino in Hietzing Statt finden wird. Joh. Strauss (Sohn) wird die Ehre haben, zum ersten Male sein eigenes Orchesterpersonale zu dirigiren, und nebst verschiedenen Ouverturen und Opernpiècen auch mehrere seiner eigenen Kompositionen vorzutragen. Der Gunst und Huld des hochverehrten Publikums empfiehlt sich ergebenst Johann Strauss jun."[51])

Seit der tyrannische Vater Strauss, von der Gattin geschieden, für sich in einer Wohnung der innern Stadt lebte[52]), waltete im Hirschenhause, wohin die Familie schon 1833 übersiedelt war, nurmehr die Liebe der Mutter. Diese, die bescheidensten eigenen Wünsche zurückdrängend, scheute nun weniger denn je alle Opfer, die Erziehung der ihr gesetzlich verbliebenen Kinder nach ihrem Sinne zu vollenden. Vor Allem genoss nun Johann gründlichen Violinunterricht bei dem Balletcorrepetitor A. Kohlmann des k. k. Hofoperntheaters; ganz glücklich — wie einst sein Vater — dass er den Fesseln entronnen, gab er als vortrefflicher Pianist gern Klavierstunden, um das Honorar für jenen Unterricht zu erschwingen. Ueberraschend schnell kam sein Können vorwärts und nach einem halben Jahre (1843) lernt' er bei Prof. Hofmann Komposition, um dann seine Studien unter Leitung des tüchtigen Theoretikers Josef Drechsler,[53]) damals regens chori der Kirche „Am Hof", zu beenden. Oefter schmollte der Lehrer mit seinem genialen Schüler, weil dieser seine Aufgaben oft in letzter Stunde „zusammenschmierte" und nicht selten rief er ihm das nicht ernst gemeinte Wort: „Aus Ihnen wird nix!" zu.[54]) Der alte Drechsler hätte Johann gern dem ernsten Genre, am liebsten wohl der Kirchenmusik zugeführt — das Schicksal wollt' es anders! Dass es nicht Kantaten und Fugen sein sollten, in denen sich des Jüngers Temperament Bahn breche, verrieth schon damals ein kleiner Zwischenfall. Gemeinsame Liebe zur Musik hatte mit Johann zugleich auch dessen Studiengenossen vom Schottengymnasium, den wir bereits kennen gelernt, in Drechslers Schule geführt; er, ein trefflicher Orgelschüler, erklärt da eines Tages dem wissbegierigen Johann auf dessen Wunsch das Wesen der Königin der Instrumente. Bei verschlossener Kirchthüre unterwies er ihn „und es ging dabei längere Zeit recht ernsthaft zu, bis Johann der Schalk in die Finger fuhr, und er der Orgel ein prächtiges Polkamotiv anvertraute.[55])

Ein in jenen Tagen von Johann Strauss komponirtes Graduale „Tu qui regis totum orbem" (maestoso, G-dur), für vier Singstimmen mit Begleitung von Blasinstrumenten, eine Komposition, an der noch der Schulstaub haftet[56]), taugte gerade recht, um unter Drechslers Leitung in der Kirche „Am Hof" aufgeführt, als Beleg für das Gesuch Johanns um die Lizenz zur selbständigen Leitung eines — Wirthshausorchesters zu dienen. An den Jüngling war die ernste Pflicht herangetreten, seine Familie zu unterstützen, und die Sorge um die Seinen nötigt ihn, rasch Erwerb und Verdienst zu suchen. Sein Talent begünstigte nur den Entschluss, sich dem Fache des Vaters zu widmen. Wohl sieht Drechsler den abtrünnigen Jünger nur ungern solchen Weg betreten, aber er giebt, gleich Kohlmann, dem Bittsteller ein diplomatisch anerkennendes Zeugniss[57]) mit, und Johanns Anzeige wird Anfangs September 1844 von der Behörde, die des Minderjährigen Glück nicht erst vom placet des feindlichen Vaters abhängig macht, „zur Kenntniss genommen".[58]) In vier Wochen hat Johann sein Orchester — 15 Mann — zusammengestellt und einstudirt. Befragt, wie viel Kompositionen er, der angehende Tanzmusikdirigent, von dem man fast wöchentlich glänzende Bereicherungen des Repertoires erwarte, „auf Lager halte", meint Jung-Strauss: „Nun, ich habe doch vier Walzerpartien, zwei Quadrillen, und drei Polkas"; und auf die skeptische Bemerkung des Freundes, er würde sich erst aufzutreten getrauen, wenn er einen Kasten voll Novitäten hätte, erwidert jener ruhig: „Das findet sich!" Und wie, in welchem Maasse sich es wirklich „fand", heute weiss es die Welt.

Wessen Aufregung auch grösser sein mochte, jene von Mutter und Sohn, für die eine Lebensfrage sich entscheiden sollte, oder jene des Vaters, der sich zu Haslinger äusserte, er wolle den Tag „lieber nicht erleben“, — dieses Debut ward mehr als ein blosses Ereigniss für den Familienkreis; oder, wie sonst gewöhnlich das Erscheinen eines neu auftauchenden Dirigenten bei einer der damals zahlreichen Gasthauskapellen der Stadt, höchstens noch für die Stammgäste des betheiligten Lokals. Es wurde dank der grenzenlosen Popularität des alten Strauss zur Sensation für ganz Wien; zumal das geschwätzige Gerücht über den Zwist von Vater und Sohn geschäftiger durch die Strassen lief, als die beste Reklame, von der nach heutigen Begriffen damals wohl auch kaum die Rede sein konnte. Ein paar vormärzliche Plakate und Zeitungsnotizen![59])

Es fehlte auch nicht an Blätterstimmen im alten guten Wien, die auf ihre Art mit beissender Ironie Reklame für das Ereigniss machten. So brachte „Der Wanderer“, ein damals sehr einflussreiches Blatt, in seiner Nummer vom 11. Oktober eine für den ehrgeizigen jungen Kapellmeister nicht sehr aufmunternde Voranzeige, die, ausgehend vom Ende der Sommerherrlichkeit, sagt: „Wir ziehen uns in die geschlossenen Räume zurück, und dass uns bei diesem Rückzuge nicht bange wird, dafür sorgen schon die Spekulanten auf die Vergnügungswuth der in dieser Beziehung berühmten Wiener. So rücken die Kapellmeister HH. Strauss jun. und Schröder heran, Grosses versprechend und ihr Wort sicherlich haltend. Strauss jun. beabsichtigt mit seinen neuen Kompositionen gleich ab initio eine kleine Ueberschwemmung, denn er verkündet: u. s. w.“

Auf zum Dommayer! Auf zum jungen Strauss! heisst die Losung der Wiener, als der „grosse Tag“ herangekommen ist. Eine förmliche Völkerwanderung nach Hietzing, eine kaum mehr verständliche Aufgeregtheit! Jung-Strauss aber kam, wurde gesehen und siegte.[60]) Beim ersten Geigenstrich erobert sich der kaum Neunzehnjährige im Sturme die Herzen von ganz Wien, bald jubelt Alles dem neuaufgehenden Sterne zu. Wohl schien es nach der ersten Nummer — es war die Ouverture zur „Stummen von Portici“ — zu einem Kampfe der Parteien kommen zu wollen. Die vom Verleger Haslinger geführten Anhänger des alten Strauss, des „Einzigen“, der selbstredend dem Feste fern geblieben, suchten den Beifallsklang, der unsern Debutanten begrüsste, durch Zischen zu trüben. Mit den Klängen des ersten Walzers aber, den „Gunstwerbern“ op. 4, die ihrem Namen Ehre geben, und den „Sinngedichten“ op. 1, der „Herzenslust“ Polka op. 3 und Debutquadrille op. 2 weckt Jung-Strauss bereits einen elementaren Ausbruch der Begeisterung, dessen Stürme auch die „festesten Gegner“ wankend machen. Ja noch mehr, mit seinem Herzen weiss er auch diese selbst zu entwaffnen, in rührendster Weise zu versöhnen, indem er, Alles überraschend, als Dank für den ihn umtosenden Beifall eine nicht auf dem Programm stehende Komposition — seines Vaters, die schmeichelnden „Loreley-Rheinklänge“ (op. 154), wundersam ausgeführt zum Vortrage bringt; ein Beweis kindlicher Pietät — der Meister blieb ihr zeitlebens treu und schmückte auch nach des Vaters Tode seine Programme mit dessen Werken[61]) —, der seine Wirkung nicht verfehlt. Nun kennt der Enthusiasmus der Hörer erst recht keine Grenzen und jubelnd begrüsst man statt des verlorenen Lanner einen „zweiten Strauss“.

Der glänzende Sieg des Sohnes lohnt tausendfach die Entbehrungen, die Opfer und das feste Vertrauen des guten Mütterchens, das mit zitternd gefalteten Händen in einem bescheidenen Winkel des Saales bangend Alles miterlebt, und nun, von Freude überwältigt, überselig ist; er soll auch bald den Vater versöhnen, der die Nachricht durch einen abgesandten Freund begierig erwartet.

Zwei Tage nach dem Debut brachten die Blätter die ersten Berichte — der Beruf der Journalisten war damals noch gemüthlich — über den einstimmig anerkannten durchschlagenden Erfolg des jungen Meisters. Seine Kunst bezwang jedes ungünstige Vorurtheil und die Partei des Sohnes hatte leichten Sieg.

Charakteristisch äussert sich der vaterländische Dichter Joh. Nep. Vogl im „Oesterreich. Morgenblatt" von 19. Oktober 1844:

„Es war ein grosser Festabend für die Wiener Tanzwelt, es war ein Hoffen, Wünschen und Befürchten, als stände man am Vorabend einer Hauptschlacht, die über das Schicksal so vieler tausend Menschen zu entscheiden hätte, aber Strauss junior, um welchen sich alle diese Hoffnungen und Befürchtungen als einem Zentralpunkte gedreht hatten, erschien, und mit dem ersten Bogenstriche waren die Tausende erwartungsvoll Dastehenden beruhigt, ja sogar enthusiasmirt, denn das Talent ist nicht das Monopol eines Einzigen, sondern kann sich gar wohl, wie im gegenwärtigen Falle, vom Vater auf den Sohn vererben. Ich selbst habe nur die Ouverture und die „Gunstwerber" gehört, da es nur einem Hyperenthusiasten möglich war, in dieser Hitze sich mehrere Stunden herumbalgen, stossen und treten zu lassen und dann noch obendrein riskiren zu müssen, unsoupirt zu Bette zu gehen, aber aus diesen beiden Pièceen habe ich recht gut entnommen, dass in Strauss ein ganz tüchtiges Direktionstalent innewohne, und dass er in Hinsicht auf seine Kompositionen denselben Melodienfluss und dieselbe pikante und effektvolle Instrumentirung besitzt wie sein Vater, von dessen Kompositionsweise er nicht einmal ein sklavischer Nachahmer genannt werden darf."

Dass diese „Soirée dansante" „dem zweiten Theil ihres Titels nicht entsprechen konnte, weil bei der grossen Menschenfülle vom Tanzen keine Rede war"[62]), entnehmen wir auch dem Berichte des „Wanderer" — er hat diesmal schon andere Saiten aufgezogen! — worin sich der Feuilletonist Wiest in trefflicher Weise zum Dolmetsch der Meinungen und Stimmungen macht, die Johanns siegreiches Debut in Wien hervorrief[63]):

„Es freut mich, die Wiener bei Dommayer so wiedergefunden zu haben, wie sie vor zehn Jahren bei Dommayer waren. Ein neuer Walzerspieler — ein Stück Weltgeschichte! Ein neuer Walzer — ein Ereigniss!

Kein Wunder, dass die prächtigen und grossartigen Salonräume Dommayers am Abend des 15. Oktober eine solche Völle erlebten, wie sie einst nur Strauss-Vater zu Stande brachte. Ein Sitz um sieben Uhr war beinahe schwieriger zu erkämpfen, als ein Parlamentsitz im englischen Oberhaus.

Ja, da taucht er jetzt empor — Strauss-Sohn! Er wird mit einem Beifallsorkan empfangen, aber Strauss-Sohn scheint sehr fest zu stehen, der Orkan wirft ihn nicht um, im Gegentheile, er erhebt ihn nur; man applaudirt jetzt schon die Aehnlichkeit mit dem Vater im Physiognomie-Ausdruck; jetzt schwingt er den Bogen, jetzt setzt er ihn an die Violine, jetzt 1, 2, 3 Risse, jetzt durchzuckt es uns elektrisch vom Scheitel bis in die kleine Zehe, jetzt arbeitet der da oben Funkensprühende, wie eine galvanische Batterie — jetzt hallt ein Ruf durch die Säle hin: „Ja, das ist Strauss-Sohn, das ist der würdige Sohn seines Vaters!" Selten, dass sich die Talentbegabungen der Väter auf die Söhne forterben, aber von Strauss-Sohn kann man wirklich sagen: „Er ist ein geborener Walzer!"

Nicht, dass die beiden Walzerpartien, die uns Strauss-Sohn heute vorführte, die „Gunstwerber“ und die „Sinngedichte“, sich durch eine geniale Gedankeneigenthümlichkeit auszeichneten, aber sie sind von jener rhythmischen Schönheit durchpulsirt, von jener Wiener charakteristischen Lebensfreudigkeit durchglüht, wie sie ausser Strauss-Vater noch kein lebender Walzer-Kompositeur geschaffen. Der erste Walzer in der Partie „Sinngedichte“ wurde gleich nachgesungen. Die Polka und Quadrille, welche Strauss-Sohn produzirte, sind so pikant in der Idee, so effektschimmernd in der Instrumentirung behandelt, dass wir auch hier wieder das kecke, üppige Talent von Strauss-Sohn anerkennen mussten. Jedenfalls hat Strauss-Sohn mit 20 Jahren als Kompositeur und Dirigent mehr gelernt als Strauss-Vater mit 20 Jahren in seinem Bereiche inne gehabt haben mag.

Bewundert habe ich die merkwürdige Ausdauer der physischen Kraft dieses jungen Menschen! Beinahe jedes Musikstück wurde zweimal wiederholt und die Partie „Sinngedichte“ spielte er unter dem Jauchzen der Menge sechsmal hintereinander. Das kann nur eine Strauss-Natur aushalten!

Die ganze Erscheinung des Strauss-Sohn, wie er sein Orchester leitet, wie er sich mit gefälliger Grazie in diesen Walzerwirbel hineinstürzt, es hat etwas eigenthümlich Interessantes an sich. Es war wirklich in allen produzirten Musikstücken das abgerundetste, graziöseste Zusammenspiel wahrzunehmen und selbst in den rapidesten Tempos, die bisweilen genommen wurden, jene eingehende, haarscharf ausgeprägte Raschheit, die sonst kaum einem lange eingeübten Orchester eigen ist.

Ich verliess um halb zwölf Uhr die noch immer vollgepfropften Räume Dommayers, Strauss-Sohn spielte eben zum neunzehnten Male die „Sinngedichte.“ — —

Mein Fiaker rollte der Stadt zu und sonderbar, war es Fiakerlaune oder Spiel des Zufalls, von Mariahilf bog er ab und fuhr der Kothgasse[64]) zu. An der Ecke da — am Bergabhang hinab steht ein kleines Haus — ich glaube es heisst zum Hahn — ich sah zum Wagen nach den Fenstern dieses Hauses — es war alles finster und grabestill.

Da oben hat auch einmal ein Wiener keine üblen Walzer geschrieben: Gute Nacht, Lanner! Guten Abend, Strauss-Vater! Guten Morgen, Strauss-Sohn!“ — —

Das zweite Konzert veranstaltet Jung-Strauss unter dem Titel einer „ausserordentlichen Soirée“ vier Tage nach dem ersten, Samstag 19. Oktober, in Lindenbaums Kasino in Simmering, das dritte am Sonntag beim Dommayer. Der Andrang zu beiden Abenden ist kolossal und für die Zuhörer schon der Siedepunkt der Begeisterung erforderlich, um in den überfüllten Sälen auszuharren. Und Alle bleiben, bis der letzte Walzer verklungen. So recht in die Herzen seiner Wiener spielt sich aber Strauss-Sohn hinein, als er, zum ersten Mal seinen Wohlthätigkeitssinn öffentlich bekundend, bereits seinen vierten Abend (22. Oktober) der Menschenliebe weiht: er konzertirt zu Gunsten der durch eine Brandkatastrophe geschädigten Einwohner von Unter-Sievering und wendet ihnen reiche Unterstützung zu.[65]) Auch in dieser Hinsicht bald eine Zugkraft, lässt er Niemand vergeblich an sein Herz appelliren, und so sehen wir ihn nach vierzehn Tagen schon (5. November) im Freundschaftsdienste für einen Benefizianten des Leopoldstädter Theaters daselbst die Zwischenaktsmusik mit seinem Orchester besorgen — sein erster Theatererfolg, der einem kleinen Schauspieler zu massenhaftem Besuch der Vorstellung und glänzender Einnahme verhalf.[66])

Wie vordem Lannerianer und Straussianer, mochten jetzt, wo es nur diese gab, die „Alten“ und die „Jungen“ sich befehden — auch diesmal kam es nicht zum Kampfe der Vergötterten selbst. Alt-Strauss — er zählte eben erst vierzig Jahre! — beweist nur von Neuem seine im Grunde versöhnliche Natur, die eines Tages ihn zum Sohne führt, trotzdem er grollend sich durch ihn in den Sympathien seiner Verehrer, ja selbst materiell — da manche der Etablissementsbesitzer ihm abtrünnig wurden, — verkürzt sah. Gewiss, Vater Strauss bot seine Hand zum Frieden erst, als er „mit Thatsachen zu rechnen“ hatte. Doch während ihn Manche nur aus egoistischen Beweggründen den Schritt zum erfolggekrönten Sohne unternehmen lassen[67]), um diesen zu bewegen, sich ihm als Primgeiger und stellvertretender Leiter des vereinigten Orchesters zu ver-

Johann Strauss Sohn, dirigirend im Paradeisgartel.

binden, folgt meine Feder gern einer sympathischeren und authentischen Mittheilung,[68]) wonach im Vaterherzen doch endlich eine leidenschaftliche Zärtlichkeit für den begabten und entbehrten Sohn erwacht. Die Künstlernatur des Aelteren fühlt sich hingezogen zum bezwingenden Genie des Jüngeren. Er empfindet mit Stolz, dass dieser Sohn sein eigen Fleisch und Blut sei, sucht ihn auf, nimmt ihn mit sich fort. Es war eine Stunde reinsten Glückes für Beide, sich aussprechen zu können, ihr musikalisches Glaubensbekenntniss sich gegenseitig anzuvertrauen; welche Freude für Johann, den heimlich doch vergötterten Vater endlich so ganz wiedergefunden zu haben! Doch war es ein Glück von kurzer Dauer. Alt-Strauss wollte den Sohn nun für immer bei sich behalten, nicht mehr von der Seite lassen, mit ihm leben, mit allem Komfort ihn umgeben. Johann aber, so sehr er sich auch zur Künstlernatur des Vaters und dessen bestechender Persönlichkeit hingezogen fühlt, kann und will die Mutter nicht verlassen, deren Stütze er ist — er bleibt bei ihr . . .

Gekränkt, die innere Ruhe, die er vielleicht mit einem Herzensopfer glaubte zu erringen, nimmer findend, verlässt Vater Strauss von Neuem den Wiener Boden, und zieht, allüberall als Schöpfer seiner herzenerobernden Werke gefeiert und verehrt, durch fremde Länder; über Mähren und Böhmen, wo ihm besonders seine Polka-Schöpfungen hoch angerechnet werden, geht er nach Dresden, Magdeburg und Berlin, um hier, wo Mendelssohn ihn begrüsst, die Huldigungen der vornehmsten Gesellschaft und die Auszeichnung des Hofes entgegenzunehmen. Im Krollschen Garten drängen sich Tausende zu seinen wiederholt auch vom Könige besuchten Konzerten. Ein Sieg, um so bemerkenswerther, als der Meister sich die Berliner trotz der Intriguen der Verehrer Gungls[69]), dessen Tänze neben jenen von Strauss grosse Popularität genossen, zu erobern, sich in ihre Herzen so einzuschmeicheln wusste, dass er nach dreiwöchentlichem Aufenthalte der Held des Tages ist, dessen Bild in allen Schaufenstern prangt und unter dessen Namen verschiedene Modeartikel reichen Absatz finden. Der Prinz von Preussen zeichnet ihn mit einer ihm zu Ehren veranstalteten Produktion der preussischen Militärmusiken aus. Die Bürger bringen ihm vor seiner Abreise eine Serenade und einen grossen Fackelzug.

Jos. Gungl.

Ende November 1845 nach Wien zurückgekehrt, empfängt er unter vielen Beweisen liebevoller Aufnahme auch ein Zeichen kaiserlicher Huld — Johann Strauss wird zum k. k. Hofballmusikdirektor ernannt. Vater und Sohn wirken nun eine Zeit lang, wenn auch nicht mit-, so doch nebeneinander, und zwar nicht nur als Zivil-, sondern auch als „Militär"-Kapellmeister: jener des ersten, dieser (nach Lanner) des zweiten Bürgerregiments. Gar oft genossen die Wiener das Schauspiel, wie bei Aufzügen oder Märschen Strauss Vater und Sohn, jeder vor seiner Kapelle, auf gemeinschaftlichem Platze Aufstellung nehmen mussten.[70]) Jener hielt seine Konzerte beim Sperl, im Volksgarten, in „Ungers Kasino", beim „Zeisig" und den „sieben Kurfürsten"; dieser bei Dommayer, der treu gewahrten Stätte des ersten Triumphes, dann beim „grünen Thor", beim „Zögernitz" und (nach Lanner) in den heiteren „Sträussl-Sälen" des Josefstädter Theatergebäudes, die er auch nach ihrer Renovirung im Sommer 1845 mit dem „Sträusschen"-Walzer (op. 15) und anderen Novitäten, darunter der „Czechenpolka" (op. 13) eröffnete, mit jedem neuen Werke die Sympathien der Wiener für seine junge, frische Muse festigend. Die Wanderlust des Vaters, der in den nächsten zwei Jahren Mähren, Schlesien, dann Berlin, Hamburg (wo er die ihm widerfahrende Unkollegialität der Musiker durch ein zu Gunsten der Armen veranstaltetes, erträgnissreiches Konzert edel rächt), Hannover und Magdeburg bereist, fing auch den Sohn zu beseelen an: 1848 unternimmt Jung-Strauss mit seiner Kapelle den ersten erfolgreichen Ausflug nach Steyermark, Ungarn, dann sogar nach Serbien und Rumänien. „Zu jener Zeit — erzählt Gerhard Ramberg[71]) — „war das Reisen noch von Poesie umwoben. Der Meister schwelgte gern, bei guter Laune, in den Erinnerungen an seine erste Kunstreise. In Belgrad suchte er den türkischen Pascha heim, der dort residirte; der fahrende Künstler in seiner schmucken Uniform, die er als Kapellmeister der wahrlich doch harmlosen Wiener Bürgergarde trug, wurde für einen hohen Würdenträger gehalten und mit allen militärischen Ehren empfangen. Das Blatt wendete sich freilich, als böse Gläubiger den Musikern die Instrumente pfänden wollten. Nur durch List gelang es, die Absicht zu vereiteln. In Rumänien siegte wiederum der Uebermuth. Die dort lebenden Oesterreicher stellten an Johann Strauss das Ansinnen, den österreichischen Konsul abzusetzen. Es scheint, dass seine Uniform allenthalben Eindruck gemacht hat! Der junge Musiker besuchte den Konsul und erklärte ihm kurz und bündig, das Volk wünsche seine Abdankung. Eine vor dem Hause versammelte Menge verlieh dieser Erklärung Nachdruck, und der Mann wurde thatsächlich auf solche Weise des Amtes enthoben. Als Johann Strauss der Jüngere nach Wien zurückgekehrt war, verlangte die Behörde Aufklärung über diesen unerhörten Fall. Aber das Jahr achtundvierzig stand vor der Thüre, die Wogen der Volkserregung gingen schon gar hoch, und der junge Strauss, der — nunmehr in der Uniform der Nationalgardisten — die Marseillaise dirigirte, hatte Macht über die Gemüther. Die Behörden hielten es für klüger, diesem Volksliebling nichts anzuhaben."

Jung-Strauss hatte den Kapellmeisterposten bei der Nationalgarde, in die sich die Bürgermiliz verwandelte, unter der Bedingung erhalten, wenigstens eine Zeit lang „Waffendienst" zu thun; aber der Musensohn hielt nicht lange Stand beim Wachdienst — eine plötzliche Salve aus den Gewehren seiner Nationalgardisten „ermuthigte" ihn vielmehr, die Flinte ins Korn zu werfen. Sowie er jedoch an der Spitze der Kapelle stand, zog er furchtlos und nicht achtend der pfeifenden Geschosse zu den Barrikaden, seine Musiker zur Marseillaise anfeuernd. Anders Vater Strauss, der seiner monarchischen Gesinnung auch während der stürmischen Oktobertage, die ihn zum Spiel im Belvedère, dem Hauptlager der Revolutionsleiter gezwungen, treu blieb, wie sein „Radetzkymarsch" (op. 228) bezeugt.

Ueber die Entstehung und erste Aufführung dieses Opus berichtet ein interessanter, Strauss Vater und Sohn in ihrem Verhalten während der Revolutionstage charakterisirender Artikel der Zeitschrift „Alt-Wien"[72]), daraus wir knappen Stils entnehmen: Die Première fand „an einem heiteren Augustabend des Jahres 1848" auf dem Wasserglacis[73]) statt; hier konzertirte gewöhnlich jeden Abend bei freiem Eintritt eine kleine Musikkapelle „die, — wie das ganze Lokal — nicht gerade im besten Rufe stand. Die feinere Gesellschaft Wiens hielt sich vom Wasserglacis fern und fand sich im Volksgarten oder im sog. Paradiesgärtchen ein, an dessen Stelle sich jetzt das neue Burgtheater erhebt. Nur einmal im Sommer veranstaltete der Pächter des Wasserglacis und des dort befindlichen „Kursalons" ein grosses Fest, bei dem gewöhnlich Johann Strauss Vater und die Kapelle der „Hoch- und Deutschmeister" unter Leitung ihres Dirigenten Philipp Fahrbach spielte. Joh. Strauss, seit einigen Jahren k. k. Hofballmusikdirektor, war persönlich hoch konservativer Gesinnung, — ein „Schwarzgelber", wie der Spitzname damals lautete." „Mehr der Noth gehorchend als dem eig'nen Triebe" verlieh der Komponist manchen seiner Werke Titel, die der Zeitströmung Rechnung tragen sollten; so entstanden der „Nationalgarde"-, (op. 221) und der „Freiheits-Marsch", (op. 226) der „Marsch der Studentenlegion" (op. 223), dessen Coda das damals ausserordentlich beliebte „Was kommt dort von der Höh'" enthielt, oder die Walzer „Deutsche Jubellaute "(op. 247) und „Schwarz-Roth-Gold" (op. 232) (nach Beendigung der Oktoberrevolution in „Landesfarben" umgetauft!) „Zu seinem Verdruss nun genöthigt, in seinen Konzerten mitunter Stücke zu spielen, die einen revolutionären Anstrich hatten, oder deren oft harmloser Text, wie jener des Fuchsliedes oder Gaudeamus von den radikalen Elementen zu demonstrativen Kundgebungen missbraucht ward, wollte sich Strauss einmal für diesen Zwang entschädigen, seinen subjektiven patriotischen Gefühlen Ausdruck geben — und er komponirte den Radetzky-Marsch." Die Erstaufführung erfolgte nun an besagtem Konzertabend unter zahlreichem Zuspruch. „Man bemerkte auffallend viel Offiziere und Nationalgarden des Kärntner- und Stubenviertels, wie der Landstrasse, die im „Geruche des Schwarzgelbthums" standen, und auffallend wenig Studenten. Diese besuchten mit mehr Vorliebe die Konzerte des jungen Joh. Strauss in Lerchenfeld beim Zögernitz, der der neuen Zeitrichtung viel grössere Konzessionen machte, und eine Reihe Kompositionen mit „bedenklichen" Titeln seinem Publikum vorführte", wie seine „Freiheits"- und „Barrikadenlieder" (op. 52), die komische Polka mit Chor: „Ligourianerseufzer" (op. 57) oder den „Revolutionsmarsch" (op. 54).[74] Das Programm des Abends war interessant und vielgestaltig; Strauss brachte neben eigenen Kompositionen, wie dem poetischen Walzer „Amphion-Klänge" (Technikerballtänze op. 224), dem „Freiheitsmarsch", dem „Sorgenbrecher" und „Aether-Träume"-Walzer (Medizinerballtänze op. 225), der „Phantasie" (Willmers „flieg Vögelein" und „Pompa di Festa" in Variationen bearbeitend) u. A. die Ouverturen zu Halévys „Die Musketiere der Königin"[75]), „Maritana" von Wallace und „Leonore" von Beethoven; schliesslich den „Radetzky-Marsch"; er „schlug mächtig ein, fand rauschenden Beifall und musste dreimal gespielt werden; ganz besonders gefiel das jovial aufjauchzende, echt wienerische Thema im Trio, das den Einzug der Rekruten und Freiwilligen in des Feldherrn Lager musikalisch andeuten sollte." Die befürchteten, von anderer Seite vielleicht gewünschten Demonstrationen gegen den Marsch blieben aus, und vor Schluss des Konzertes wurde auf Ansuchen des anwesenden Generals Zanini nochmals der „Radetzky-Marsch" gespielt und auf Verlangen wiederholt.[76]) Wenige Tage später brachte ihn Strauss auch im Volksgarten und in anderen Konzertlokalen Wiens[77]) unter gleich lebhafter und unbestrittener Aufnahme zur Aufführung und gar bald nahmen die Militärkapellen den flotten Marsch auf, der nun seine Runde um die Welt antrat. Im September 1849 kam Marschall Radetzky nach Wien, und bei einer ihm zu Ehren von den vereinigten Militär-Musikkapellen veranstalteten grossen Serenade ward auf Befehl des Kaisers der „Radetzky-Marsch" gespielt; eine Ehre, deren sich der Schöpfer des historisch gewordenen Marsches nicht lang erfreuen sollte . . . „Die absolutistische Reaktion war hereingebrochen und drückte dem Staats- und politischen Leben einen militärischen Charakter auf. Der Walzerkönig erlebte nicht das ganze erste Jahr des eisernen Decenniums und nach Vollendung seiner „Soldatenlieder"[78]) legte er die Feder für immer nieder."

Die Aschermittwochstimmung des trübseligen Faschings 1849, die auch die Zaubergeige eines Johann Strauss den Wienern nicht zum alten Frohsinn zu wandeln vermochte, hatte dem alternden Meister wieder den Wanderstab in die Hand gedrückt. Aber dass er die schwarzgelbe Schleife trug, war weithin bekannt geworden und unter jenem Zeichen hat er auf seinem Wege arg zu leiden. Zuerst bei den Pragern, deren Plan, mit einer Katzenmusik sein erstes Konzert zu beantworten, nur das alle Anstoss erregenden Titel ausschliessende, fast durchgehends klassische Programm kreuzt; dann in den süd- und mitteldeutschen Hauptstädten, wo sich künstlerischem wie materiellem Misserfolge noch grobe persönliche Insulten und Demonstrationen (so der ihn höhnenden Studenten in Heidelberg und Heilbronn) hinzugesellen. Nur München empfing ihn wie einst mit Jubel. Der Meister athmet freier auf, da er, dem ihm so fernliegenden politischen Gewirr entronnen, in Brüssel, Ostende, Antwerpen reichlich Ersatz für jene deutsche Ungunst findet. Zum dritten und letzten Mal wendet er sich von da nach England. In London protegirt ihn, wie einst Esterhazy, nun Fürst Metternich, einer seiner grössten Verehrer vom Wiener Boden her. Gattin und Töchter des gefallenen, verbannten Kanzlers von Oesterreich brechen in Thränen aus, da sie die heimathlichen Weisen wieder hören — es ist nicht das erste und nicht das letzte Mal, dass wir der tiefen Rührung begegnen, die Strausssche Klänge mit ihren Tönen des Herzens und Gemüthes auszuüben im Stande sind. Wieder wird ihm die Musik bei den Hofbällen und in den Adelssälen übertragen, und da er nach einigen Ausflügen nach Brighton, Cheltenham, Greenwich und Oxford in der Themsestadt sein Abschiedskonzert veranstaltet, sieht er die Elite der Londoner Gesellschaft und das grosse Publikum zu einer Feier vereinigt, wie sie gleich glänzend und herzlich selten einem Musiker dort zu Theil geworden. Vor der Abreise umsteht eine riesige Menschenmenge sein Hôtel, davor eine Musikkapelle spielte; und da er mit den Seinen die Themse hinabfährt, geben ihm viele seiner Verehrer noch eine Strecke zu Schiff das Geleite. Gar schwer wurde bei solchem Abschied ihm sein Herz, das trübe Ahnungen erfüllten, durch überhandnehmende körperliche Schwäche und öfteres Unwohlsein hervorgerufen. Früher als er gedacht bestimmten diese Erscheinungen den Meister zur Rückkehr — zum letzten Wege in die Heimath!

Beim ersten Wiederauftreten in Ungers Kasino zu Hernals, wo ihn die Wiener herzlich willkommen heissen, zerbricht der Bogen, da er ihn zum ersten Geigenstrich ansetzt, in seiner Hand — ein böses Omen, ein Fingerzeig des Schicksals auf ein nahes Ende — so deutet das ängstlich gewordene, betrübte Herz des anhaltend kränkelnden Meisters den Zwischenfall, den einige kurze Wochen andauernden erfreuenden Erfolges auf der heimathlichen Erde und scheinbare körperliche Kräftigung vergessen machen. Er fühlt sich wieder gesund — „so kräftig und heiter, wie seit Jahren nicht“ meint er — da, am 16. September, gerade an der Stelle, wo sein Geigenbogen vor Kurzem in Stücke brach, und wo er drei Tage später zum letzten Mal auftreten soll, packt ihn von Neuem heftiges Unwohlsein; der Zustand verschlimmert sich binnen weniger Tage. In der Familie, die neben ihm wohnt und den Meister pflegt, war — das Unglück wills — beim Kinde der Scharlach ausgebrochen, der plötzlich und heftig auf ihn übergeht, ihn aufs Krankenlager wirft. Er hat noch für den 22. September die musikalische Leitung bei einem grossen Bankett zu Ehren Radetzkys übernommen — sie wird ihm unmöglich. Die Bemühungen der Doktoren Innhauser und Raimann, ihn dem Tode zu entreissen, erweisen sich als vergeblich, des Körpers einstige Widerstandskraft und des Geistes Energie sind besiegt. Am 25. September 1849 nach zwei Uhr Morgens hat Meister „Sorgenbrecher“ auch hier seines allerlösenden Amtes gewaltet. Ein Marktaufseher bringt Mutter Strauss die erste Kunde von dem Tode ihres Gatten, dessen „persönliche Leitung“ eben noch frische Plakate an den Strassenecken für die Bälle und Soireen der nächsten Tage angekündigt. Die Wiener können kaum fassen, kaum glauben, dass ihr Liebling gestorben sei. Zu Hunderten pilgern sie hin zum Andräschen Hause in der Kumpfgasse, um dort den Mann auf der Bahre kalt und starr zu schauen, der ihnen unvergessliche Stunden frohen Genusses geschenkt.

Ganz Wien strömt am Nachmittage des 27. September zur Bestattung des Meisters zusammen; der grossartige Zug bewegt sich zum Stephansdome zur feierlichen Einsegnung die unter Fackelschein und weihevollen Trauergesängen, in die sich Orgel- und Posaunentöne mischen, vor sich geht. Vom Dome bis zum Schottenthore wird der Sarg auf vierspännigem Leichenwagen geführt, von da ab auf den Schultern der Musiker bis nach Döbling zur letzten Ruhestatt getragen. Zwei Regimentskapellen und Fahrbachs Orchester spielten abwechselnd Trauermärsche.[79]) Eine ungeheuere Menschenmenge folgt dem Zuge, und hält, dem Todten die letzte Ehre zu geben, die stundenlange Strasse zum Döblinger Ortsfriedhof besetzt. Dort betten sie unter ergreifenden Choralgesängen des Männergesangvereins den todten Walzerkönig an der Seite seines Freundes Josef Lanner. Kein Auge blieb thränenleer. Dämmerung senkte sich nieder, da die Schaaren zurückwallen — von fern her tönt ihnen das Geläute der Straussglocke von Salmannsdorf wehmuthsvoll herüber, die ihrem Stifter und Pathen die letzten Grüsse nachsendet. Nicht minder ergreifend wirkt das feierliche Todtenamt für den Meister am 11. Oktober, wobei die vornehmsten Solisten Wiens, der Männergesangverein und die Kapelle des Verblichenen sich unter Leitung seines Sohnes zur weihevollen Aufführung von Mozarts Requiem vereinen.

„Wien hat einen seiner interessantesten Bürger, einen originellen Künstler, die Nationalgarde ihren ersten Kapellmeister verloren; es sollte ihm ein marmornes Denkmal aufrichten, und einen Preis auf die schönste Grabschrift für ihn setzen. Die Wienerinnen sollten alljährlich zu seinem Grabe wallfahrten, und wie die Jungfrauen auf das Grab des Frauenlob Wein ausgiessen, es mit Blumen schmücken, und einen Reigen um dasselbe führen." So schloss L. A. Frankl seinen Nekrolog in der „Ostdeutschen Post".

Sympathisch wurde die Denkmalsidee[80]) aufgegriffen; Freunde des Verewigten, Verleger Haslinger an der Spitze, vereinigten sich mit den Söhnen Johann und Joseph Strauss und veranstalteten eine grossartige Konzertakademie in den Sofiensälen, deren Programm nur Werke des Gefeierten enthielt. Unter den Klängen des Radetzkymarsches fiel die Hülle von dem auf der Estrade aufgestellten Modell des geplanten Monumentes — aber dieses selbst kam dennoch nicht zu Stande.

Nur ein schlichter Grabstein bezeichnet bis heute die letzte Ruhestätte des ersten Johann Strauss in Döbling, und die beiden schlafenden Sänger dort, sie harren wohl noch der Ueberführung in ein Ehrengrab.

Der laute Chor der Blätterstimmen mit ihren Nekrologen und Gedichten[81]) auf den todten Walzerkönig ist verstummt. Die zahlreichen Trauerfeiern finden ihr Ende, und aus der Todtenklage dringt immer deutlicher der Ruf an unser Ohr: Le roi est mort — vive le roi!

WALZERKÖNIG. (1849--70.)

Wien hat seinen einzigen Johann Strauss, es hat den Vater im Sohne wiedergefunden, der nun die Alleinherrschaft, rechtmässig ererbt, fortführen und bis an sein, bis an des Jahrhunderts Ende behaupten soll, ohne Rivalen, aber auch ohne Erben. Bald steht er an der Spitze der verwaisten Kapelle seines Vaters, auch hier zum Nachfolger berufen; der alte Primgeiger Amon, sein einstiger Lehrer, über dessen Haupt sich damals der Zorn des alten Meisters ergossen, hat die Bedenken einiger Mitglieder des berühmten Orchesters gegen das „leichte Blut" Jung-Straussens mit seiner treuen Begeisterung für dessen Genie überredend, wenn nicht überzeugend in Vertrauen umgewandelt, und blindlings folgt die wackere Truppe dem neuernannten Feldherrn, der sie zu neuen, immer grösseren Siegen führt. Am 7. Oktober dirigirt Johann Strauss im Volksgarten zum ersten Mal das väterliche Orchester. Mit einem „Nachruf an Strauss Vater", einer von Karl Haslinger zu diesem Anlass komponirten Walzerpartie, beginnt er sein Programm, das auch eine Neuheit aus eigener Feder, der Walzer „Aeolstöne", schmückt, sein jüngstes, bereits 68. Werk! All die Ehren, aber auch alle Mühen des Verblichenen sieht er nun als Dirigent, wie als Komponist auf sich gehäuft, und das bewegte Künstlerdasein des Vaters ersteht im Sohne wieder von Neuem — die Aehnlichkeit in manchen

Volksgarten.

3*

Einzelnheiten ist interessant — und reicher noch spielt sich ein Leben ab, gekrönt durch immer höhere, immer unbestrittenere Siege! Beispiellos beliebt, vermag Johann Strauss mit seinem Orchester den sich häufenden Anforderungen kaum mehr zu genügen. Jeder Tag der Woche, selbst im Sommer, ist besetzt.[82]) Im Winter muss er die Kapelle durch fremde Musiker verstärken und „viertheilen" — Produktionen mit dem „kleinen G'spiel" nennt er es scherzhaft — und dann rast der Dirigent in einem Fiaker von einem Saale, von einem Ende der Stadt zum andern, um der beliebten Ankündigung: „Johann Strauss persönlich" wenigstens durch einen Theil des Abends überall zu entsprechen. Das Publikum strömt namentlich zu den sonntäglichen Nachmittags-Konzerten im Volksgarten in Massen herbei, es jubelt ihm zu, sobald es nur seinen Liebling sieht. Und wie weiss er, der interessante, schlanke Mann, mit dem blassen, von schwarzen Locken umrahmten Antlitz und den glühenden Augen erst mit seinem Bogen die Begeisterung in das Orchester, in die Hörer, vor Allem in die Frauenherzen zu tragen! Er versteht es aber auch, seinen guten Wienern und schönen Wienerinnen mit seinen Melodien zu schmeicheln, die immer reicher, immer üppiger ihm hervorquellen. Seine fieberhafte Thätigkeit und sein Genie bringen es mit sich, dass er die neuen Werke nur so hervorzaubert, mit einer Raschheit und Unabhängigkeit von Zeit und Ort, die seine Freunde — und ganz Wien ist ja sein Freund — in Staunen und Bewunderung versetzt. Im rasselnden Fiaker, während jener „Konzertreisen" in der Stadt, oder nach durchwachter Ballnacht, die Glieder, die Augen und Hände matt, aber den Geist frisch und rege, so wirft er — viele Geschichtchen erzählen davon[83]) — oft in kaum einer Stunde Kompositionen wie die prächtigen „Juristenballtänze" (op. 177), die „Accellerationen" (op. 234) aufs Papier — alles gleich in Partitur! Selten, dass eine der wochenlang vorher bestellten Kompositionen, stets die grande attraction des Abends, bereits am Ballmorgen existirt. Der Schrecken der Komitémitglieder ist dann gross, wie die befreiende Kunst des Meisters — so entwarf er das letztgenannte reizende Opus früh nach einem grossen Tanzfeste auf einer Speisekarte, zur Beruhigung des Komités, um das Werk noch am selben Abend beim Technikerballe zur Aufführung zu bringen. In solchen Fällen empfangen die harrenden Kopisten blattweise die Partitur zur Stimmenabschrift, und oft wird, wie in jenem Falle, das neue Werk mit dem tüchtigen Orchester erst beim Ballfeste versucht.

Wen erinnerte das nicht — sagen wir auch im Kleinen — an die genialen Launen des göttlichen Mozart (siehe Don Juan - Ouverture u. v. a.)! Ich bin mir, gerade im Bewusstsein tiefer Mozartverehrung, sicher, hier keine Blasphemie zu begehen und nicht zu fehlen in der Meinung, dass gerade dieser grosse Meister voll Genie und Güte, in seiner Liebe zur einzigen Kaiserstadt, als der Erste unter den berühmten, unseren Johann Strauss ohne Vorurtheil anerkennenden Musikern, hätt' er ihn nur gekannt, gekommen wäre, um dem Walzerkönig warm die Hand zu drücken. Hätt' er in ihm doch, gleichsam als Echo seines Innern, das gefunden, was er so innig liebte und doch zeitlebens überall vom Throne herab bis zu dem Volke vermissen musste — das vielgerühmte Wiener Gemüth! Dieses ist's, was vor Allem die Musik der herrlichen Walzer durchdringt, in der Johann Strauss gleichsam die Summe, die quinta essentia von Wiens glänzendem, alt-liebenswürdigem Charakter ziehen und mit suggestiver Wirkung in modernen Tönen das Stimmungsbild jener verführerischen Stadt wiedergeben sollte, wie ähnlich vordem Franz Schubert in seiner C-dur-

Symphonie. „Es ist wahr, dies Wien mit seinem Stephansthurm, seinen schönen Frauen, seinem öffentlichen Gepränge, und wie es von der Donau mit unzähligen Bändern umgürtet, sich in die blühende Ebene hinstreckt, die nach und nach zu immer höherem Gebirge aufsteigt, dies Wien mit all' seinen Erinnerungen an die grössten deutschen Meister, muss der Phantasie des Musikers ein fruchtbares Erdreich sein. Oft wenn ich es von den Gebirgshöhen betrachtete, kam mir's im Sinn, wie nach jener fernen Alpenreihe wohl manchmal Beethovens Auge unstät hinübergeschweift, wie Mozart träumerisch oft den Lauf der Donau, die überall in Busch und Wald zu verschwimmen scheint, verfolgt haben mag und Vater Haydn wohl oft den Stephansthurm sich beschaut, den Kopf schüttelnd über so schwindlige Höhe. Die Bilder der Donau, des Stephansthurms und des fernen Alpengebirgs zusammengedrängt, und man hat eines von Wien, und steht nun vollends die reizende Landschaft lebendig vor uns, so werden wohl auch Saiten rege, die sonst nimmer in uns angeklungen haben würden. Bei der Symphonie von Schubert, dem hellen, blühenden, romantischen Leben darin, taucht mir heute die Stadt deutlicher als je wieder auf, wird es mir wieder recht klar, wie gerade in dieser Umgebung solche Werke geboren werden können." Ein Wort Schumanns[84]), das angesichts der Weisen eines Johann Strauss neue Bedeutung gewinnt.

Es war nicht blosse Schmeichelrede, wenn unser Meister am Abend seines Lebens von seinem Talente sprach:[85]) „Ich danke seine Ausgestaltung nur meiner geliebten Vaterstadt Wien, in deren Boden meine ganze Kraft wurzelt, in deren Luft die Klänge liegen, die mein Ohr gesammelt, mein Herz aufgenommen und meine Hand niedergeschrieben, meinem Wien, der Stadt der Lieder und des Gemüthes, die dem Knaben liebevoll auf die Beine half, und dem reifen Manne noch immer ihre Sympathien zuwendet, Wien, der Stadt der schönen Frauen, die jeden Künstler begeistern und bezaubern, Wien, dem Herzen unseres schönen, gotttgesegneten Oesterreich, der goldenen Stadt!" Joh. Strauss betont aber gleichzeitig ein anderes, bedeutsames Moment, indem er sagt: „Die Auszeichnungen, die mir heute (beim fünfzigjährigen Künstlerjubiläum) zu Theil geworden sind, verdanke ich wohl zunächst meinen Vorgängern, vor Allem meinem Vater. Sie haben mir angedeutet, auf welche Weise ein Fortschritt möglich ist, er war nur möglich durch die Erweiterung der Form, und das ist mein Verdienst." Nichts weniger als ein, wie der Meister in seiner Bescheidenheit hinzufügt, „schwaches" Verdienst; denn im Vergleiche auch nur eines der nachfolgend hervorgehobenen Walzer mit jenen Lanners und seines Vaters sehen wir, dass die „Erweiterung der Form" nicht lediglich den Umfang sämmtlicher Walzertheile, von der das Hauptthema concertant einführenden Introduktion bis zum ausführlichen Themen-Resumé der grossen Coda betrifft; nicht durch den äusseren Umfang allein einen Walzer von Johann Strauss keineswegs als ein so „kleines Werkchen" gering schätzen lässt, wie manche symphonistisch abwägende Musiker und Laien gerne sich und Andere glauben machen. Gerade sie sollten wissen, dass die Erweiterung der Form, soll diese nicht hohl und leer klingen, die entsprechende Ausgestaltung des von ihr umschlossenen Organismus, der eben die frühere Form sprengte, hier also vor Allem reichere Gedankenfülle, wie reichere Technik bedingt.

Als Johann Strauss mit dem ersten Anderthalbhundert seiner Tänze die Bahnen Lanners und seines Vaters mehr und mehr verliess, hob er vor Allem die Walzerform, indem er den vereinigten Vorzügen jener Beiden als neue sowohl ein freieres, kühneres Element der Harmonik, Modulation und Rhythmik, wie ein feineres, farbenreicheres Instrumentalgewand hinzugesellte. Die ganze Partitur zeigt mit ihrem verzweigteren Gewebe, der weitgeschwungenen, üppigen Linienführung in der obersten Melodie, den selbstständiger ihre Wege gehenden Mittelstimmen, den charakteristisch auftretenden Bässen die lebhaften Züge des modernen, mit der Zeit fortschreitenden Geistes; sogar eines ihr schon vorauseilenden Geistes; denn als er mit den ersten dieser „reformirten Walzer“, wie „Wellen und Wogen“ (op. 141) oder den „Schallwellen“ (op. 148) Anfangs der sechziger Jahre auf den Plan trat, da murrten die Alten etwas vom Ende des „gemüthlichen Tanzes“, sprachen von einem „Walzerrequiem“. Es durfte allerdings schon Manchen „phänomenal“ erscheinen, wenn der junge Strauss den Walzer „Phänomene“ (op. 193) mit

einleitet. Der erste Theil der vorhingenannten „Schallwellen“ bringt eine von frei ausschreitenden Bässen getragene Stelle, aus der die Modulation

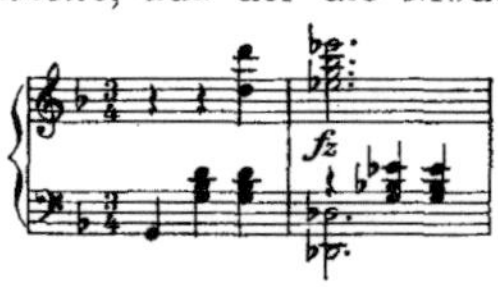

herausgegriffen sei. Ein reizendes Beispiel für chromatisch-harmonische Rückungen giebt das „Perpetuum mobile“ (op. 257) — ein musikalischer Scherz, der, ein Stück ohne Ende, immer wieder von Neuem beginnen kann — das gelöste Problem — wenn nicht die „aufreibende Thätigkeit“ der spielenden Faktoren ein Ziel setzte. Es hiesse „Rosen aus dem Süden“ dahin tragen, wollte man ein Wort über den Zauber all' der Melodien verlieren, die längst im Herzen Tausender leben und immer wieder in jüngeren Herzen neu erblühen. Auch sie sind für Strauss charakteristisch vermöge ihrer Führung; und wenn dem Komponisten auch der einheitliche Styl oft abzugehen scheint, wenn diese oder jene Melodie selbst nicht immer unbedingt auf einen Strauss schwören lassen mag, das jederzeit traut hervorbrechende Gemüth, dann aber auch gewisse Eigenschaften der Mache, des prickelnden innern Wesens, überhaupt die ganze Prägung des melodischen Elements, dessen gewaltige Umbildung den Meister von seinen Vorgängern unterscheidet, lassen im Verlaufe selten einen Zweifel an dieser vornehmen Wiener Herkunft aufkommen. Wer beispielsweise das im Wortspiel vorhin genannte Opus (388) zum ersten Male hört, könnte allenfalls bei den ersten acht Takten

auf eine andere Feder schliessen; die nächste Periode aber mit dem, wie schon früher einmal bemerkt, charakteristischen Schneller (g — e dann g — c) — ähnliche Jauchzer finden wir z. B. auch in den Walzern op. 316 und 325 s. u. — als raffte einen Augenblick die kokette Schöne pikant und zierlich ihr Kleidchen auf, müsste ihn belehren: das ist echt und nur straussisch.

Im Rhythmus ist er einer der reichsten, erfahrensten Meister, „peinlich genau in diesem Punkte“. Genée erzählte, dass Strauss mit einer Art Aengstlichkeit oft Taktgruppen abzählte, um sie gleichsam gegen einander abzuwägen.[86]) Von Straussens Meisterhand in der orchestralen Technik geben so gut wie alle seiner Werke ein bekannt glänzendes Zeugniss. Der ausgebildete Klangsinn des Komponisten feiert in vielen seinen besondern Triumph. Nach dieser instrumentalen Seite allein hin schon zu den allerersten Musikern zählend, verlangt Johann Strauss bei Beurtheilung seiner Werke auch stets die Rücksicht auf die mit ihnen organisch zusammenhängende, weil gleichzeitig mit den kompositorischen Eingebungen entstandene Instrumentation. So trägt der schon erwähnte Walzer „Phänomene“ fast durchwegs einen ganz besondern instrumentalen Charakter; namentlich eigenartig in der ersten Hälfte des dritten Theils (G dur): der zweistimmig in der Tiefe von Geigen, Violoncellen, Trompete und Horn geführten, in der höheren Oktave durch Klarinetten gefärbten Melodie gegenüber, steigt in Flöte, Piccolo und Oboë eine Gegenmelodie nach d^3 empor. Von reizender Klangwirkung ist der erste Theil (D dur) des „Wellen und Wogen“-Walzers (op. 141) dort, wo Flöte und Geige zuerst gemeinsam die Melodie führen, und erstere dann im vierten und fünften Takte das h^2 festhält, indessen letztere den Weg über fis nach a^2 nimmt. Im dritten Theil der „Geschichten aus dem Wiener Wald“ (op. 325) spielen an einer Stelle die hohen Instrumente, besonders die Violinen die bewegliche musikalische Hauptmelodie, während die Trompete darunter in herausfordernder, markiger Gegenmelodie erklingt. Besonders fein und klangvoll als originell instrumentirte Stellen in den Werken von Johann Strauss wahrzunehmen, bietet sich in der Folge immer häufiger Gelegenheit, zumal wir den Meister namentlich in der letzten Zeit seines Lebens nur immer bewunderungswürdiger und glücklicher dem Gipfel technischer Vollendung zustreben sehen.

Facsimile der Handschrift Strauss'.

In den sechziger Jahren führt Joh. Strauss die durch ihn immer mehr konzertfähig gewordene Tanzmusik, ohne sie ganz dem ursprünglichen Zweck zu entfremden, vielmehr den idealen mit dem praktischen Zweck verbindend, ihrem Höhepunkt in einer Reihe von Kompositionen zu, die, klassische Form mit moderner Mache vereinend, zu dem Schönsten, Hinreissendsten gehören, was auf dem Gebiete der modernen Musik überhaupt geschaffen wurde. Es sind die wahrhaft königlichen Walzer: „Künstlerleben“ op. 316 mit seiner, durch reizende Modulationen ausgezeichneten Coda; „Wein Weib Gesang“ — die Trias hat sich unversehens auch in die Opuszahl „333“ eingeschlichen! — mit der konzertanten, kraftvollen Einleitung, die sich mit den erwartungs-erregten Tänzern auf sehr „gespannten Fuss“ setzt; „Geschichten aus dem Wiener Wald“ deren einleitendes più lento das reizende Thema schon so entzückend anschlägt — endlich „An der schönen, blauen Donau“, diese überzeugende

Apotheose des einzig schönen Wien, auf deren ursprüngliches Schicksal wir noch zurückkommen. „Es braucht nur irgendwo das Anfangsmotiv graziös auf den drei Staffeln des D dur-Dreiklangs emporzusteigen, so ruft und klatscht schon Alles vor Vergnügen. Die Donauwalzer von Strauss haben nicht bloss eine beispiellose Popularität, sie haben eine ganz merkwürdige Bedeutung erlangt, die Bedeutung eines Citates, eines Schlagwortes für Alles, was es Schönes, Liebes, Lustiges in Wien giebt, sie sind dem Oesterreicher nicht bloss schöne Walzer wie andere, sondern ein patriotisches Volkslied ohne Worte. Neben der Volkshymne von Vater Haydn, welche den Kaiser und das Herrscherhaus feiert, haben wir in Strauss' „Schöner, blauer Donau" eine andere Volkshymne, welche unser Land und Volk besingt. Wo immer in weiter Ferne Wiener sich zusammenfinden, da ist diese wortlose Friedens-Marseillaise ihr Bundeslied und Erkennungszeichen. Wo immer bei einem Festmahl ein Toast auf Wien ausgebracht wird, fällt das Orchester sofort mit der „Schönen, blauen Donau" ein. Man kann sich das gar nicht anders denken, denn diese uns allen eingeprägte Melodie sagt deutlicher, eindringlicher und wärmer als alle Worte, was über das Thema „Wien" Schmeichelhaftes gesagt werden kann."

Mit diesen treffenden Worten Hanslicks wären wir im Kreise unserer allgemeinen Betrachtung des Straussschen Werk-Typus wieder bei dem Merkzeichen angelangt, von dem wir ausgegangen — es ist das Zeichen des Stephansthurmes. Wenn Marcel Prévost noch so fein und richtig fühlt: „La valse de Johann Strauss est femme: de la femme elle a la grâce insinuante, l'humeur changeante, tour à tour de rire et de larmes légères, les caprices rapides, les detours imprévus. Chaque valse de Johann Strauss a une âme de femme" — im Sinne der Schumannschen Worte von der Zauberkraft des Wiener Bodens wäre der Ausspruch des Franzosen wesentlicher zu gestalten: La valse de Johann Strauss est la Viennoise. In diesen Tönen lacht und weint das blonde „süsse Mädel" mit den blauen lebens- und liebesfreudigen Augen, schalkhaft, spitzbübisch und schwermüthig zugleich, voll Uebermuth und plötzlicher Melancholie — wie frappirend z. B. die Wendung nach Moll in der Coda des Donauwalzers 38. Takt — unwiderstehlich bezaubernd in den Gegensätzen und der Harmonie seiner Züge. „Leichtsinnig nennen meine Feinde mich" — lässt Ferdinand Gross die Fee dieses Zaubertanzes sagen — „aber ich bin es nicht. Nein, ich kann auch ernsthaft sein, ich habe meine melancholischen Stunden . . . . . Ich stürze mich gern kopfüber in das bunteste Gewirr, ich möchte mich ertränken in den hochschäumenden Wogen des Genusses, ich setze den Becher an die Lippen, um ihn mit heftigem Zuge zu leeren bis auf die Neige — zur selben Stunde aber ringt tiefste Herzensbangniss in mir nach Ausdruck, ich möchte deutlich sagen, was mich bedrückt, beengt, belastet, ich möchte ein Sterbelied singen und Thränen in Worte fassen. Die mich leichtsinnig schelten, die haben mich nie verstanden" . . . . .

So guckt aus jedem der prächtigen Walzer des Meisters eines jener lieben Wiener Gesichter hervor, die alle, untereinander so verschieden, individuell bezaubern, dass es schwer wird, ihre Wirkung mit einem Worte zu charakterisiren; dass man nur sagen möchte, einer sei reizender als der andere; kaum einer unter ihnen, der nicht gleich in seinen Anfangstakten packte! Sehr feingeistig bemerkt Paul Lindau zu dem Einwande, dass solch immense Produktivität die Gleichwerthigkeit der Leistung ausschliessen müsse: „Ein Mann wie Johann Strauss kann schlechterdings keine durchaus misslungenen Tänze schreiben, ebensowenig wie Franz Schubert schlechte Lieder. Die längst in Vergessenheit gerathenen Walzer bergen in der That wahre Schätze: einzelne liebliche Melodien von seltener Schönheit, harmonische Feinheiten, rhythmische Keckheiten, die eben nur deshalb nicht zur dauernden Geltung gekommen sind, weil Strauss selbst alle diese Vorzüge in neueren Werken noch glücklicher, in noch abgerundeterer und packenderer Gestalt bewährt hat."

Und wie viel ist nicht aus jenen vom Meister selbst vergessenen Tänzen, ohne dass er es wusste, abgeschrieben worden — wieviel „moderne" Komponisten haben nicht, um mit Lindau zu reden, „mit seinen abgelegten Kleidern ihre Blössen bedeckt!"

Es hiesse, wollte man nur die schönen Walzer nennen, fast all die klingenden Namen wiedergeben, die schon das Lesen des Johann Straussschen Werkeverzeichnisses interessant gestalten. All dieser Titel Erfindung freilich, sie wird nur fälschlich dem Meister zugeschrieben. Straussens Genialität zeigt sich hier vielmehr nach der negativen Seite, der Sorglosigkeit hin, indem er sich um das Schicksal seiner Walzerkinder wenig mehr kümmerte — sie geboren zu haben, genügte ihm; die Taufe überwies er Anderen; und so erkannt' er die meisten später nicht wieder, am allerwenigsten unter ihrem Namen. Selten waren auch diese sein geistiges Eigenthum, meist überliess er solche Sorge einem Freunde und den Verlegern. Diese aber lösten die wichtige Titelfrage sehr geschickt. Gegenüber den vormärzlichen Namen, die Vater Strauss in der „guten alten Zeit" seinen Kompositionen gab, spiegeln jene der Werke des Sohnes gleich diesen selbst vielfach die neue, fortschreitende Zeit wieder. Aus diesen Titeln -- nahezu ein halbes Tausend! — liessen sich nicht nur Geschichten erzählen, sie enthalten, theilweise förmlich kulturhistorisch, selbst ein wenig „Geschichte", von den Tagen der uns bereits bekannten, konfiszirten Revolutionsmärsche und „Ligourianerseufzer" angefangen bis herauf in unsere Zeit gar manches Schlagwort aus dem politischen und socialen Leben. Dass der Komponist der Wahl dieses oder jenes Namens nicht ferne gestanden, oder aber der „Täufer" den ausgesprochen illustrirenden Charakter des betreffenden Stückes wohl erkannt und mehr oder minder sicher präzisirt hat, beweisen Werke, die eine bisweilen frappante Uebereinstimmung zwischen Titel und Inhalt erkennen lassen. So sind die Introduktionen der Walzer „Irrlichter" (op. 218) „Schwungräder" (op. 223) „Nachtfalter" (op. 157, in der Stimmung recht nächtlich geheimnissvoll, ein flatterndes Hauptthema) entschieden bemerkenswerth! Und weht nicht frische Frühlingsluft und Lenzesstimmung aus dem sonnige Heiterkeit athmenden op. 375 „O schöner Mai"; erzählen uns nicht, in Titel wie Musik gleich traulich anmuthend, die entzückenden „Geschichten aus dem Wiener Wald" tausend Liebes und Schönes von dort mit ihren deutlichen Rufen der gefiederten Sänger, dem fröhlichen Lachen der im Freien tanzenden oder dahinwandelnden Paare? Die Coda der „Nordseebilder" (op. 390) — mit dem Folgenden ein Beispiel, das allerdings der geschichtlichen Entwickelung etwas vorgreift, — schildert glänzend die stürmische Brandung nordischer Wogen. Ausserdem zählen hier die bereits erwähnten „Phaenomene" und „Accellerationen", ferner op. 85 „Heimathskinder" und op. 140 „Knallkügerln." Als besonders charakteristisch wären von den Märschen der Persische (op. 283), Egyptische (op. 335), Russische (op. 426) und Spanische (op. 433) zu nennen. Am getreuesten schliesslich weiss Johann Strauss wie eben kein Anderer „la Viennoise" (seine erste Polka mazur op. 144), wie überhaupt das ureigene „Wiener Blut“ (op. 354) zu schildern, gleichwie vor Allem seine patriotischen Huldigungswerke: die „Myrthenkränze“ (op. 154) „Krönungslieder“ (op. 184) u. s. f. jenes echte Wienerthum überzeugend zum Ausdruck bringen, das endlich aus allen Straussschen Werken zu uns spricht, so exotische Titel sie sonst führen mögen.

Kein Wunder, wenn sich die Wiener zuweilen in dieses idealisirte, musikgewordene Abbild ihres Fühlens und Denkens mit Begeisterung verschauten, wenn ihnen die Straussschen Tänze zu Nationalgesängen wurden; wenn ihre Weisen zu vernehmen Manchen mehr als Lebensbedürfniss war, wie jener Bürgersfrau, die, wie Hanslick berichtet, kein grösseres Vergnügen kannte, als Strausssche Tanzmusik zu hören und sich auch unter den Klängen ihres Lieblingswalzers begraben liess. Und dennoch konnt' es, wie wir sehen werden, auf demselben Wiener Boden wiederum geschehen, dass nicht selten gerade die besten Werke des Meisters beim ersten Hören unverstanden blieben, den jubelnden Beifall dann erst fanden, als ihr Triumph in fremden Ländern den lieben Wienern die Augen weit geöffnet. Was da nicht sofort verstanden wurde, Widerspruch erweckte, war wohl zumeist gerade der Fortschritt, das Neue in den Werken von Johann Strauss; weil aber der Meister bis an sein Ende nicht aufhörte, jenem zu huldigen, mit diesem zu überrraschen, musst er an sich die Gunst und Ungunst zugleich erfahren, „stets bewundert und immer verkannt“ zu sein.

Ein Makart in der Musik mit den [leuchtenden, frischen Farben seiner Palette, die aber nicht so bald verblassen dürften, schuf Johann Strauss eine moderne „Aufforderung zum Tanz“ die sich gewaltig von jener der vergangenen Tage unterscheidet, wie der Meister selbst von seinen Vorgängern. Der glühend heisse Athem seiner schwelgerischen Melodien gleicht jenem des tanzenden Paares, das nicht wie einst in gemessener Entfernung Hand in Hand mit kleinen Schritten oder hüpfend sich bewegt, vielmehr umschlungen, in fliegender Eile, schwebend den Saal durchmisst.

Wie vornehm und immer siegreicher der junge Meister nun sein fröhliches Doppelszepter in Ball- und Konzertsaal führt, bis er damit auch an die Pforten des Theaters pocht, erzählen uns die mannigfachen Erlebnisse dieser Periode. Gleich Anfangs der fünfziger Jahre beginnt Johann Strauss mit seiner Kapelle die heimischen Erfolge auf das Ausland zu übertragen, indem er zuerst einem Engagement nach Hamburg folgt, dann (1851) in Prag, Dresden, Leipzig konzertirt, und sich nach Warschau begiebt. An dieses Debut auf russischem Boden, wo Johann Strauss bald grosse Triumphe feiern sollte, knüpft sich die erste der bisher noch unbekannten Aventiuren aus jener Zeit. Der Gouverneur von Warschau erblickt in dem jungen Dirigenten und seiner Kapelle Verschwörer und fordert Alle, unter Androhung Sibiriens auf, Stadt und Land sofort zu verlassen. Umsonst verwendet und verbürgt sich der dortige Musikhändler für die Identität Straussens, umsonst kommen die Musiker auf Befehl des Generals zur Polizei, um sich einzeln auf ihren Instrumenten zu produziren. Alles vergeblich. Doch das Gerücht von Straussens Anwesenheit dringt bis ins Hoflager, die Kaiserin entbietet Strauss und seine Kapelle in den Palast. Hier aufgefordert, einige Pièçen vorzuführen, wird dem Meister noch am selben Tage von der Kaiserin persönlich Konzert und Ballmusik bei Hofe übertragen. Und der Grund des ganzen Irrthums? Die guten Musiker hatten thatsächlich Räubern gleich gesehen, sie hatten sich, aus Furcht vor Ueberfällen in der unsicheren Gegend, mit Waffen ausstaffirt und der Zustand, in den sie die weite, beschwerliche Reise versetzt, hatte das Uebrige gethan, dass man ihnen auswich.[67])

Nicht die Anstrengung auf diesen Reisen, vielmehr die physisch wie geistig aufreibende Thätigkeit auf dem Wiener Boden war es, die unserem überdies „flott und lustig“ lebenden Johann Strauss im Jahre 1853 ein energisches Halt gebot. Jene fieberhafte Thätigkeit umschloss nicht die geschilderte rasche Produktionsarbeit und die gewöhnlichen Anforderungen des Studiums mit dem Orchester allein; Johann Strauss hatte sich gleich dem Vater die ehrenvolle Aufgabe gesetzt, in seinen Konzerten, zu denen die Elite des Bürgerthums und die Künstlerwelt sich drängte, auch die neuesten Erscheinungen auf dem Gebiete der Konzert- und Opernmusik vorzuführen, so dass sich jenes Studium auch auf die Wiedergabe komplizirterer Partituren erstreckte. Schon zu Beginn der fünfziger Jahre sehen wir ihn z. B. als den Ersten, der in Wien für Richard Wagner Propaganda macht. Von Aufführungen der Opern des grossen Meisters war im Kärnthnerthor-Theater noch keine Rede. Strauss aber, entzückt von der ihm Seitens des Verlegers zugesendeten Partitur des „Tannhäuser“ entschloss sich, unbekümmert um die Frage des Erfolges sofort, die Ouverture dieser Oper, wie später auch namentlich den zweiten Zwischenakt aus „Lohengrin“, der ungeheueren Beifall fand, in seine Programme aufzunehmen. — Endlich wurde Strauss im Jahre 1853 — zum Zeichen, dass ihm die „Marseillaise“ verziehen und seine namentlich durch die Kaisermärsche (op. 67, 96, 115, 183) u. a. patriotische Werke, wie das zur Vermählung des Kaisers komponirte op. 154 „Myrthenkränze“ geäusserte loyale Gesinnung huldvoll bemerkt zum Leiter der Hofballmusik, vorläufig abwechselnd mit Kapellmeister Fahrbach berufen, der seit Vater Strauss' Tode bisher allein dieser Ehre theilhaftig geworden. Als aber Fahrbach bei einem der Hofbälle den Wünschen mehrerer Erzherzoginnen nach dem Vortrage der damals populären „Annenpolka“ (op. 117) von Johann Strauss nicht entsprechen konnte, weil er das Stück seines berühmten Kollegen nicht im Repertoire führte, wurde der Meister selbst zu Hofe befohlen. Unter Anspannung aller Kräfte nun litt seine Gesundheit ernstlich Schaden. Genöthigt, einer völligen Nervenzerrüttung durch unbedingte Ruhe und längeren Kuraufenthalt (in Neuhaus bei Cilli) zu begegnen, liess er doch seine Kapelle nicht im Stiche, sondern wusste ihr mit glücklicher Hand einen trefflichen Stellvertreter zuzuführen.

Tilgners Büste von Joseph Strauss.

Es war sein jüngerer Bruder Joseph Strauss, eine Art Universalgenie, ein Erfinder nicht nur als wirklicher Ingenieur, auch als Dichter und feinsinniger Musiker, dessen früher Tod aufrichtig zu beklagen ist. Wir lernten schon den kleinen Joseph (geb. am 20. August 1827) als tüchtigen Klavierspieler an der Seite Johanns kennen. Fast mehr noch als dieser hatte Joseph unter dem Despotismus des Vaters zu leiden gehabt, der nicht allein die leidenschaftliche von der Mutter heimlich genährte Liebe zur Musik auch im Herzen des jüngeren Sohnes energisch zu ersticken suchte; er trat ihm selbst bei der praktischen

Berufswahl hart entgegen und wollte durchaus einen Militär aus Joseph machen, der nach den Gymnasialstudien das Polytechnikum besuchte, um, einer plötzlich erwachten Neigung folgend, Ingenieur oder Architekt zu werden. Die uns bekannten häuslichen Verhältnisse führten endlich auch den hochintelligenten Joseph[88]) jenem seinem Lieblingsfache zu, worin er nach vollendeten Studien bis 1850 als Bauzeichner, 1851 als Leiter des Baues eines Wasserwehrs bei Trumau, dann als Ingenieur in einer Maschinenfabrik erfolgreich thätig war. Eben hatte der Wiener Magistrat eine von ihm erfundene Strassenreinigungsmaschine approbirt und eingeführt, da überrascht ihn, der Frau Musika schon fast vergessen und sich mit allerhand Reformideen auf technischem Gebiete trägt, Bruder Johann mit dem Ansinnen, für ihn – die Kapelle zu dirigiren! Joseph, zu ernst, um mit der Kunst nur zu scherzen, sträubt sich, Johann aber, seiner Sache sicher, weiss ihn, wenn nicht zu überzeugen, doch zu überreden: Nur einmal versuchen! meint er; statt des Geigenbogens genüge ein Stäbchen, den Takt nur pro Forma in die Luft zu zeichnen, nur anzudeuten — die Hauptsache sei der „Strauss"! Und Joseph macht, dem Bruder zu Liebe, nach ein paar Proben den Versuch und er gelingt. Ja noch mehr; der Bruder sagt ihm, er müsse auch etwas schreiben; und Joseph, der nach seinem ersten glücklichen Auftreten (beim „grünen Zeisig" im Juli 1853) das angeborene Talent wieder erwachen fühlte, debütirt bald mit einer Walzerpartie. „Die Ersten und die Letzten" nannt' er diese Walzer (op. 1), die so sehr gefallen, dass sie nicht die Letzten bleiben sollten. Ein ganzer Melodienfrühling erwachte plötzlich im Herzen des wieder in Frau Musikas Arme Zurückgeführten; und wenn auch von einer Produktionskraft wie bei Bruder Johann nicht die Rede sein kann, geben doch die innerhalb der Zeit von nicht ganz siebzehn arbeitsreichen Jahren im Druck erschienenen 283 Tanzkompositionen Josephs[89]) ein glänzendes Zeugniss von der hohen tonschöpferischen Begabung auch dieses „echten Strauss", der namentlich die Formen der beliebten Polka meisterte („Frauenherz" op. 166, Moulinetpolka op. 57 u. v. a.) und damit vielen Beifall fand. Auch manche seiner Walzer, wie die prächtigen „Dorfschwalben aus Oesterreich" (op. 164), die „Wiener Kinder" (op. 61) u. a. wurden populär und haben ihre Lebenskraft noch heute nicht verloren.

Joseph Strauss.
(Mit Genehmigung der „Neuen Musikzeitung", Stuttgart.)

Im Gegensatze zur faszinirenden Persönlichkeit Johanns erweckte Joseph durch sein melancholisches, elegisches Wesen die Sympathien der Wiener, die seine Konzerte nicht minder massenhaft besuchten. „Er hat — bemerkte ein

Kritiker — etwas Durchgeistigtes in seiner Physiognomie; beim Dirigiren scheint er ein Anderer zu werden, neues Leben überstrahlt sein blasses Gesicht und der hitzige Eifer, mit dem er seine musikalische Truppe anführt, ist kein erkünstelter." Der ernste Grundzug seines Wesens gab sich deutlich auch im Eifer kund, mit dem er bald nicht nur den theoretischen Musikstudien oblag — das Zeugniss der am 16. März 1857 bei Prof. Dolleschall abgelegten Prüfung aus den Grundsätzen des Generalbasses und der Komposition spricht ihm „grösste Befähigung"

für ausübende Musik zu[90]) —, sondern auch das ihm völlig fremd gebliebene Violinspiel erlernte, so dass er bereits vom Sommer 1856 ab in herkömmlicher Weise mit der Geige am Dirigentenpult erschien. Man lobte sein seelenvolles, erwärmendes Spiel ebenso, wie sein Bestreben, das Programm seiner Konzerte namentlich der beliebten „illuminirten" Abendfeste im Volksgarten, durch feinfühlig gewählte Novitäten wie durch Gesangnummern — er leitet gar oft einen stattlichen Männerchor — zu bereichern. Auch die Hofballmusik dirigirt Joseph während der Abwesenheit des Bruders.

Nun der Walzerkönig einen so tüchtigen „Statthalter" gewonnen, durft' er beruhigt nicht nur seiner Erholung leben, sondern auch im Sommer 1854 in Gastein, wo er zur Kur weilte, mit der Direktion der Zarsko - Selo - Eisenbahn-Gesellschaft jenen bis zu 1870 reichenden Kontrakt abschliessen, der ihn durch eine Reihe von Jahren allsommerlich nach Pawlowsk bei St. Petersburg führen sollte. Während die Stammkapelle in Wien unter Josephs Leitung zurückblieb, reist Johann mit einem neugeworbenen und eingeschulten Orchester 1855 zum ersten Mal nach Pawlowsk. Die Konzerte fanden hier in einer grossen, von jener Gesellschaft neu erbauten Musikhalle (Vaux-hall) durch sechs Monate lang statt und der berühmte Gungl, der sie eingeleitet hatte, war bald vergessen im lärmenden Jubel, der Johann Strauss begrüsste, sowie er nur am Dirigentenpult erschien. Für die Begeisterungsfähigkeit der Russen dem Meister gegenüber ist bezeichnend, dass eines Abends das Publikum von der stürmisch immer da capo begehrten neuen Polka „Aus dem Pawlowsk-Walde" (op. 336[III]) so entzückt war, dass es freiwillig den letzten, nach Petersburg abgehenden Zug versäumte und ausserdem noch für die Wiederholung des Stückes einem von Strauss bezeichneten Wohlthätigkeitszwecke die Spende von 2 Rubeln pro persona widmete. Als ferner die Direktion der Gesellschaft hunderttausende von Bildern des Gefeierten mit seinem facsimilirten Namenszug herstellen liess und bekannt gab, dass jeder Besucher der Konzerte in Vaux-hall beim Einsteigen in den Zug am St. Petersburger Bahnhof um 10 Kopeken ein solches Bild erhalte, vergrösserte sich der Zudrang zu den Konzerten so, dass oft Nachzüge abgelassen werden mussten.

Man liebte, man verhätschelte ihn, man wollte ihn sogar einmal gegen seinen Willen — heirathen. Das geschah in Petersburg. Er verkehrte da in einer Familie, wo ihn die Tochter des Hauses zu einigen unvorsichtigen Komplimenten, vielleicht auch zu einem Kuss verlockte. Da er eines Tages nun wiederkommt, sieht er zu seiner Ueberraschung alle Verwandten des Hauses versammelt, denen er feierlich als Bräutigam vorgestellt wird. Trotz aller Erklärungen und Ausreden, trotz aller Vermittelungsversuche seiner Freunde gelingt es ihm nicht, loszukommen, und da schon der Hochzeitstag bestimmt und angerückt ist, muss zu einer List gegriffen werden: als die glänzende Wagenreihe der Hochzeitsgäste mit der Braut im Begriffe ist, zur Kirche zu fahren, wird „der Bräutigam wider Willen" von zwei Freunden in eine bereitstehende Troika geschoben und in rasendem Tempo in das Hotel des in den Plan eingeweihten österreichischen Botschafters (damals Graf Szecheny) als auf neutralen Boden entführt, wo er, durch vierzehn Tage internirt, warten muss, bis die fatale Angelegenheit beigelegt ist. — Ein einziges Mal war das Publikum unartig gegen seinen Liebling, als nämlich die Direktoren ein grosses Fest in Pawlowsk veranstalteten, und Tausende bereits in den Nachmittagsstunden hinauspilgerten, alles aber noch geschlossen fanden und im Park ein grosses Drängen herrschte. Da nahm Grossfürstin Alexandra für den Meister Partei, indem sie demonstrativ ihren Sitz auf das Orchesterpodium verlegte, um so offen ihre Gunst zu beweisen. Strauss erklärte dann öffentlich, dass nicht ihn die Schuld an dem Arrangement treffe, womit für ihn der Zwischenfall erledigt war; die Direktoren aber mussten büssen. Seitens des Hofes wurde Johann Strauuss wiederholt bereits in den ersten Jahren seines Aufenthaltes in Russland ausgezeichnet, vom alten Kaiser

Nikolaus wie von Alexander II., dessen von Strauss begeisterter Bruder, Grossfürst Constantin, ein leidenschaftlicher Musikdilettant und Cellospieler, gar oft im Orchester unter des Meisters Leitung mitwirkte. Gern erzählte Strauss von der Pracht der Feste in Zarsko-Zela. Da schrieb jeder Gast seinen besonderen Wunsch auf einen Zettel und nun erschienen durch das Parquett kleine, kostbar gedeckte Tische mit den bestellten Exzentrizitäten: lebende Thiere, sogar Affen, Papageien, junge Bären. — Auch in der Aristokratie zählte Strauss besonders viele Verehrerinnen, (Prinzessin Galitzin u. A.), von ihnen, wie überhaupt in Russland mit den kostbarsten Geschenken überhäuft.[92])

In jenen Tagen entstand eine Reihe von zum Theil (Quadrillen op. 65, 255, 338) auch russische Motive verwerthenden Kompositionen, sowie die Walzer „Abschied von St. Petersburg“ (op. 210,), „Königslieder“ (op. 334), der „Egyptische Marsch“ (op. 335), andere Märsche, Polkas, (l'Inconnue op. 182, Olga op. 196), die meisten, französische Titel führenden Tänze, sowie die „Russische Marschphantasie“ (op. 353) und die Klavierphantasie „Im russischen Dorfe“ (op. 355).

Reich an Ehren und Gold — die russischen Reisen waren grundlegend für seine spätere Wohlhabenheit — kehrte Johann Strauss jährlich im Herbste heim, um hier die Winterkonzerte im Vereine mit dem Bruder zu leiten, bis mancherlei Ereignisse von 1861 ab in den gewohnten Gang seiner künstlerischen Thätigkeit ändernd eingriffen. Im Winter des genannten Jahres gewinnt Johann Strauss Herz und Hand der vorzüglichen Sängerin Henriette von Treffz. Sie war, am 28. Juni 1820 zu Wien geboren, eine Enkelin der schönen, von Schiller besungenen Margarethe Schwan aus Mannheim und Schülerin des italienischen Gesangmeisters Gentiluomo, hatte mit 16 Jahren ihre Bühnenkarrière in Dresden an der Seite der Schröder-Devrient begonnen und kam dann über Leipzig, wo Mendelsohn für die Ausbildung ihres hohen Talentes und ihrer prächtigen Stimmmittel von Einfluss war, nach Wien, um hier als jugendlich-dramatische Sängerin am Kärntherthor- dann am Josephstädter- und am Theater an der Wien ein Liebling des Publikums zu werden und die begeisterte Anerkennung grosser Musiker wie eines Hector Berlioz, zu finden. Auf ihren Konzertreisen machte sie 1846 in Deutschland, seit 1848 in England Aufsehen; die „german queen of song“ nannte man sie dort, als sie bei der Eröffnungsfeier der Liverpooler Philharmonie neben Grisi, Viardot und Alboni triumphirt. Ende der fünfziger Jahre zog sie sich, obgleich im Vollbesitz ihrer Mittel, nach Wien ins Privatleben zurück und empfing in ihrem Salon die vornehmste Gesellschaft, die hervorragendsten Persönlichkeiten der Residenz. Auch den berühmten Johann Strauss liess sie, begierig ihn kennen zu lernen, zu einem Ballabend jenes Jahres besonders bitten. In glänzendem Zusammenspiel mit Vieuxtemps entzückte der Meister die vielbewunderte Hausfrau mit seinen köstlichen Werken wie mit der Liebenswürdigkeit des Wesens und bald überraschte das Paar die Wiener Gesellschaft mit seiner Verlobung.

Ein weiterer Zwischenfall spielt sich im Fasching des nächsten Jahres ab, in dem Johann Strauss seinen Kontrakt mit Haslinger, zu dem er seiner Zeit von seinem ersten Verleger Mechetti übergegangen war[93]), löste und sich von seinem opus 279 an Spina verschrieb. Das Werk soll seine Geschichte haben. Jacques Offenbach weilt in Wien; die Gesellschaft hat sich auf den neuen Löwen gestürzt und bereitet ihm Ovationen, ob deren sie einen Augenblick ihren Liebling vergisst, sogar kränkt. Offenbach und Strauss waren um eine Tanzkomposition für den Ball des Schriftsteller- und Journalisten-Vereins Concordia ersucht und jener widmete den Walzer „Abendblätter", dieser hierauf eine eben vollendete noch ungetaufte Walzerpartie, für die das Komité, um des pikanten Gegensatzes willen, den Namen „Morgenblätter" dringend erbittet. Am Ballabend dirigiren beide Komponisten ihre Werke und — die Abendblätter werden stürmisch zur Wiederholung begehrt, die Morgenblätter sanft abgelehnt, indem sie kaum einmal da capo verlangt werden. Dem bittern Schmerz über diese Niederlage folgt allerdings bald die Genugthuung. Die beiden „Blätter" wendeten sich — Offenbachs Walzer fiel bei den Reprisen in späteren Konzerten immer mehr ab, um bald gänzlich zu verschwinden, indessen die Reize der „Morgenblätter" immer mehr entzückten — sie waren jenes opus 279, eine der hervorragendsten Schöpfungen des Meisters, dessen neidloser Gastfreundschaft Offenbach damals genoss, um diese später, wie wir sehen werden, mit Undank zu vergelten. Der französische maestro ahnte jetzt noch nicht die Folgen seines anregenden Wortes, als er, augenblicklich ganz begeistert von der Musik des Wiener Meisters, in diesen während eines gemüthlichen Beisammenseins drang: „Sie müssen Operetten schreiben!"

Mittlerweile war der Straussschen Kapelle auch im jüngsten Sohne der Familie, dem am 15. März 1835 geborenen Eduard ein neuer Dirigent-Stellvertreter erwachsen, den sich Joseph, vielleicht mit Rücksicht auf seinen stets kränkelnden Zustand, seinerseits wieder herangezogen. Bei Eduard, der noch Gymnasiast gewesen, als der Vater starb, entfiel der harte Kampf um die Musik, die er nicht weniger liebte, als seine beiden älteren Brüder; ungehindert durft' er sich, von Joseph noch angefeuert, dem theoretischen Studium seiner Kunst bei dem k. k. Hof- und Domkapellmeister Gottfried Preyer ergeben und nebenher praktisch bei Zamara im Harfenspiel, wie autodidaktisch als Violinist ausbilden. Auch seine Feder versuchte sich bald an gelungenen Tanzkompositionen.[94]) Am 5. Februar 1861 konzertirten die drei Brüder mit ihren Orchestern zum ersten Mal vereint bei einem Benefize im Sophiensaal[95]) — ein seltenes Schauspiel für die Wiener, umsomehr als Johann, der stets hell überstrahlende Stern des Dreigestirns, sich immer mehr vom Dirigentenpulte zurückzuziehen begann, je sicherer er die Kapelle unter der Leitung seiner Brüder aufgehoben sah; ungehindert wollt er sich selbst und seinem Schaffen, das immer höheren Flug nahm, angehören. Als Bräutigam berief er 1862 Joseph sogar nach Pawlowsk und übertrug auch hier ihm die Leitung des Orchesters, um schon Ende Juli nach Wien zurückzukehren und hier am 27. August seine Hochzeit mit Jetty Treffz zu begehen.

„Mein Debüt, — schreibt Joseph an Freund Haslinger[96]) und später an seine zärtlich geliebte Gattin Karoline, geb. Pruckmayr, mit der er seit 8. Juni 1857 vermählt war[97]) — Samstag, 22. Juli (2. August), war glänzend . . . 7—8000 Menschen waren versammelt, Kopf an Kopf, Alles starrte mich an, Du kannst Dir ja die Neugierde denken. Ich wurde rauschend empfangen, fast jede Pièce repetirt und ich unzählige Male gerufen, entweder allein oder mit Jean . . . Das Publikum war sehr gut, dennoch fürchtete ich mich, meinem

Vorgänger bedeutend zurückstehen zu müssen, da Jean ungemein beliebt . . . die Direktoren beglückwünschten mich und waren aussergewöhnlich freundlich, trotzdem mir Jean schrieb, sie begünstigten nach seiner Abreise eine fremde Leitung, Gungl oder Bilse." In kurzer Zeit hat Joseph das Vertrauen der Direktoren, die mit ihm auf zwei Jahre abschliessen, gewonnen, und er geniesst die Gunst des namentlich für seine hier entstehenden, bereits national angehauchten Polkas („Aus der Ferne", op. 270 u. a.) schwärmenden russischen Publikums, wenn dessen Enthusiasten ihn auch nicht buchstäblich so auf den Händen zum Saal heraustrugen, wie seinen Bruder, der oft nur mit List den aufregenden Huldigungen seiner Verehrer entging.

Im nächsten Jahre, 1863, sehen wir Meister Johann auf der Reise nach Petersburg von seiner jung angetrauten Gattin begleitet, die, bereits von ihren Triumphen an den Höfen Deutschlands und Englands her der kaiserlichen Familie in bester Erinnerung, von dieser zu einem intimen Hofkonzert eingeladen, dem Rufe im Interesse des Mannes folgt und sich damit zu einem letzten Auftreten entschliesst. Ihr klassischer Liedervortrag entzückte den hohen Kreis, wie denn ihre Anwesenheit überhaupt die Theilnahme an den Strauss-Konzerten noch erhöhte. Einem bisher unveröffentlichten Pawlowsker Briefe, den unser seit dem Frühjahre 1863[98]) auch zum k. k. Hofballmusik-Direktor offiziell ernannter Johann Strauss unterm 9. Juni dieses Jahres an Freund Haslinger richtet[99]), entnehmen wir, dass sich „die Geschäfte heuer trotz des elenden Wetters dennoch brillant gestalten; so z. B. waren heut, da es schön war, 6000 Personen im Konzert. Die Sängerin Freitag debütirte, und trotz der falschen Intonation griff ihre Bärenstimme so durch und verblüffte dermassen das Publikum, dass sie ungeheueren Beifall fand und zwei Mal repetiren musste. Die Direktion ist ganz enchantirt über dieses surplus, das ich ihr dieses Jahr bot, und anerkennt meine Bestrebungen, ihre Interessen bestens zu wahren, sowohl die künstlerischen als die materiellen. Wie geht es mit den Wiener Geschäften? Wie macht sich Eduard? Er muss sich meiner Ansicht nach riesig gemacht haben, da Joseph demselben die ganze Last des Wiener Wirkens, ohne dass ich krank geworden und desshalb Josephs Substituirung in Petersburg nothwendig geworden, übertragen wollte, indem Joseph sich ernstlich um ein Engagement in dieser Sommersaison in London durch einen commis voyageur bewarb, der aber ob seiner Ohnmacht und mangelnden Vertrauens in das Gelingen des Unternehmens . . . mich gebeten hat, Joseph von dieser höchst riskirten Unternehmung abzuhalten, wo Ehre und Geld auf dem Spiele stünde . . . Da man sich mit solcher Hast und geringer Ueberlegung an den nächstbesten Reise-Kompagnon wendet um auswärtige Engagements, muss man zum Wiener Geschäft selbst kein Vertrauen mehr haben, dasselbe so ehrenvoll fortsetzen zu können, als es bestand. — Ich wasche meine Hände etc. Vergieb ihnen Herr, sie wissen nicht, was sie thun. Du siehst, dass es solcher Veranlassungen bedarf, um mir die Bibelsprüche ins Gedächtniss zu rufen . . ." Zu diesem scharfen Vorwurfe der Fahnenflucht Bruder Josephs, den wir nun ganz von musikalischem Ehrgeiz beseelt sehen, sei hier angefügt, dass es zwar thatsächlich zum erstrebten Londoner Engagement nicht kam, Joseph aber im nächsten Jahre auf einer Kunstreise durch Deutschland, namentlich in Leipzig triumphirte, um hierauf 1865 in schwere Krankheit zu verfallen, die Johann an die Spitze der Kapelle rief und zwang, sich in Russland durch Eduard, obgleich erfolgreich, vertreten zu lassen.

Dass der Meister vorläufig noch Haslinger mit einigen Werken verpflichtet war, sagt uns der humoristisch ausklingende Schluss des erwähnten Briefes: „Mit herzlichen Grüssen von meiner Frau an die Deine und Dich selbst sende ich Dir ein Zwick-Busserl, d. i. eine zusammengestoppelte Quadrille, versichere Dich meiner unwandelbaren Liebe und Treue an Dich und Dein Verlegergeld . . . und bin Dein stets niederträchtiger, aber Dich bis zum Tode liebender Freund Jean.“ —

Das Jahr 1863 ist noch um der Anwesenheit Wagners in Wien willen bemerkbar, der hier, zu seinem 50. Geburtstage am 22. Mai, durch Johann Strauss eine besondere Huldigung empfängt: Der Walzerkönig, seinen übrigen Dirigentenkollegen abermals voraus, schmückt sein Programm mit Fragmenten aus Tristan und Isolde und erntet den freudigsten Dank des Reformators, de seinerseits wieder nicht versäumt, seiner vielsagenden Anerkennung der künstlerischen Persönlichkeit Straussens — „des musikalischesten Schädels, der ihm noch untergekommen sei“ — gelegentlich öffentlich Ausdruck zu geben. In seinem hochinteressanten Aufsatze über das Wiener Hofopern-Theater (1863) schrieb Richard Wagner:

„Was Wien auf dem Wege des höheren Ortes nicht subventionirten, rein spekulativen Verkehrs mit einem phantasievoll gemüthlichen und lebenslustigen Publikum, ganz von sich aus auch für die Kunst hervorzubringen vermag, bezeugen zwei der originellsten und liebenswürdigsten Erscheinungen auf dem Gebiete der öffentlichen Kunst: die Raimundischen Zauberdramen und die Straussschen Walzer. Wollt Ihr nicht Höheres, so lasst es bei diesem bewenden: es steht an und für sich bereits wahrlich nicht tief, und ein einziger Straussscher Walzer überragt, was Anmuth, Feinheit und wirklich musikalischen Gehalt betrifft, die meisten der oft mühselig eingeholten ausländischen Fabriksprodukte, wie der Stephansthurm die bedenklichen hohlen Säulen zur Seite der Pariser Boulevards.“ Später einmal toastirte, wie mir erzählt wird, Richard Wagner: „Es leben unsere Klassiker von Mozart bis Strauss!“ [100])

Von 1863 ab wird es immer mehr zu einem seltenen Ereigniss, wenn Johann Strauss wie einst an der Spitze seines den Brüdern überlassenen Orchesters erscheint, um mit der Geige in der Hand einen seiner neuesten Walzer mit dem ihm eigenen, hinreissenden Schwunge zu dirigiren; bei welcher Gelegenheit gegenüber den übertriebenen Schilderungen einzelner Kritiker-Feuilletonisten festgestellt sei, dass die allerdings temperamentvollen Bewegungen des dirigirenden Walzerkönigs, wie andere Augenzeugen bestätigen können, durchaus nicht die ganze Gestalt in störende Mitleidenschaft zogen. 1867 wirkte noch der Meister gemeinsam mit den Brüdern an drei Aufsehen erregenden Abenden in Budapest zu wohlthätigem Zwecke, um dann mit einigen Konzerten der Kapelle in Wien seine Dirigententhätigkeit zu beschliessen.

Befreit von der Last des „Handwerks“ strebt Johann Strauss, unter dem alles Edle und Schöne begünstigenden Einflusse der sich ihm gänzlich widmenden Gattin nach immer höheren Zielen und die wohlige Atmosphäre eines vornehmen Heims, das sich das Künstlerehepaar nach einigem Wohnungswechsel in der angekauften reizenden Villa in Hietzing, Hetzendorfer Strasse, gegründet[101]), zeitigt dem Meister die volle Blüthe seines Schaffens, die meisten jener Werke, die wir bereits als Höhepunkte seiner Walzerkunst bewunderten und die stets vornehmer werden, immer raffinirter im besten Sinn des Wortes, zugleich aber oft auch immer härtere Proben für die „Zähne der guten Wiener“.

So fällt in die Faschingszeit, die dem unglücklichen Kriegsjahr Oesterreichs folgte, die merkwürdige Ablehnung des ersten für Orchester und Chor gesetzten Walzers von Johann Strauss, dessen Titel dem Refrain eines schönen Gedichtes von Karl Beck entnommen war: „An der schönen blauen Donau“. Die Neuerung des „Gesangswalzers“ an sich, dann aber jedenfalls der geradezu unglaubliche Text, dessen Dichter den betrübten Wienern wohl ein herzlich gut gemeintes Trosteswort sagen wollte, in der That aber nur eine förmliche Illustration des „höheren Unsinns“ gab[102]), erweckte Missfallen. Die Mitglieder des „Männergesangvereins,“ der die Komposition interpretiren sollte, nannten sie unsangbar, unmelodiös und der Vereinsvorstand Nicolaus Dumba hatte seinen Einfluss aufzubieten, dass der Walzer dem berühmten Komponisten nicht zurückgeschickt werde.[103]) Das Schicksal des Werkes war gleichwohl schon besiegelt, da von einer Begeisterung für die Sache keine Rede war; und so erzielte der Donauwalzer bei seiner ersten Aufführung im Dianasaale am 13. Februar 1867 jenen Achtungserfolg, der einem fatalen Durchfall gleicht. Auch die nächste Aufführung des Werkes durch die Straussche Kapelle änderte nichts an diesem Schicksal, in das sich der Meister, dem es nur leid um die Coda that, bereits resignirt ergab — ihn hatten nicht nur die „Morgenblätter“ kühler, ruhiger denken gelehrt, auch andere musikalisch höher stehende Werke seiner Feder vom „Wellen- und Wogen“-Walzer angefangen, sah Johann Strauss erst über den russischen Triumphboden den Weg zum Herzen seiner Landsleute nehmen, denen nicht „wienerisch“ genug erschien, was tieferen Geist verrieth.

Johann Strauss.
(Statuette von Tilgner.)

Auch seinem Donauwalzer sollte genug gethan werden, und noch im selben Jahre, da Johann Strauss durch den französischen Grafen d'Osmond, einen musikbegeisterten, ihn verehrenden Aristokraten veranlasst, sich nach Paris begab, um in der Weltausstellung zu konzertiren. Zwar musste der Boden hier mühsam erst erobert, Konkurrenzneid und politische Feindschaft bekämpft werden. Trotz des Einflusses d'Osmonds und wiewohl der uns bereits bekannte Jugendfreund des Meisters, Hofmusikalienhändler Lewy vorausgereist war, ihm jenen Boden vorzubereiten — für den Wiener Walzerkönig schien man keinen Platz zu haben, oder bot Lewy beispielsweise ein von der guten

Gesellschaft gemiedenes, weit abliegendes Lokal an. Endlich — der Meister war bereits mit dem bekannten Berliner Kapellmeister Bilse und dessen tüchtigem Orchester angelangt, jener sollte die eigenen, dieser klassische Kompositionen dirigiren — ward ein entsprechender Konzertraum im Ausstellungsgebiete selbst und zwar im Cercle International gefunden. Seine Thätigkeit erfolgreich einzuleiten bieten der österreichische Botschafter Fürst Richard Metternich und Gemahlin durch ehrende Einladung liebenswürdig die Hand.

Karikatur von Durandeau.

(Original im Besitze des Musikhistorischen Museums des Herrn Fr. Nic. Manskopf Frankfurt a. M.)

Ein Augenzeuge schreibt in der Schilderung eines glänzenden, durch die Anwesenheit des Hofes und fremder Fürsten ausgezeichneten Ballfestes bei Metternich: „Da spielte unser Johann Strauss an der Spitze des trefflichen Bilse-schen Orchesters Wiener Tänze und gab dem Feste für Paris künstlerisches Interesse und den Oesterreichern wahrhafte Satisfaktion. Wiener, die seit Jahrzehnten nicht mehr heimathliche Klänge vernommen, waren gerührt, und die Pariser umstanden den Walzerpoeten und gaben oft, laut applaudirend, ihr Entzücken kund. Der Erfolg des Wieners war ein entschiedener, und Niemand mehr darob erfreut als die Fürstin Metternich, die so oft in Paris von Strauss erzählt hatte, und ihn nun der Gesellschaft vorführen konnte. Es waren gerade dreissig Jahre verflossen, seit Johann Strauss Vater einen ähnlichen Erfolg wie sein Sohn in Paris gehabt.“[104])

Die nun folgenden öffentlichen Konzerte des Meisters in der Ausstellung, namentlich die Matinéen, versammelten ein distinguirtes, selbst den höchsten Kreisen angehörendes, doch nichts weniger als zahlreiches Publikum. Der rechte, grosse Erfolg stellt sich erst ein, als der Chefredakteur des „Figaro“ Mr. de Villemessant, entzückt von den Leistungen der Straussschen Kapelle, in seinem Blatte das Signal zu jenen begeisterten Hymnen der gesammten Presse gab, die erst Aller Aufmerksamkeit im Trubel der Millionen auf die Leistungen des Wiener Orchesters lenkte. Nun erst strömte „tout Paris“ zu den Konzerten des gefeierten Johann Strauss, der bei einer ihm zu Ehren gegebenen Soirée in den Redaktionsräumen des „Figaro“ die Huldigungen der ersten Künstler und Politiker, das fast erdrückende Lob eines Rochefort und Dumas, Gauthier und Flaubert, Turgenijew und Thomas entgegennehmen kann. Als Gedenkblatt dieser Tage erscheint in jenem ersten Pariser Blatte die Villemessant gewidmete „Figaro-Polka“ (op. 320)[105]), deren nun in Mode gekommener Schöpfer seither in allen französischen Journalen Gegenstand nicht immer richtiger, doch stets geistreicher wie schmeichelhafter Urtheile ist. Ein Schriftsteller[106]) nennt seine Musik den „Geist des Beaumarchais in Prosa“, Strauss habe amerikanische Tournure, das Wesen eines Gentleman; „il danse ses valses, il rythme ses quadrilles avec son violon, ses bras, ses épaules, son cou, sa tête . . . je ne comprends pas, que son auditoire reste assis en l'écoutant: son archet ferait tourner les colonnes du Cercle international.“

Nun schlägt die Siegesstunde auch für den Donauwalzer: ohne besondere Absicht, vielleicht nur des schönen Titels wegen, hat ihn der Meister hervorgeholt, und, eines Abends aufs Programm gesetzt, erzielt der Walzer zur Ueberraschung so durchschlagenden Erfolg, dass er nicht nur an diesem Abend mehrmals wiederholt werden, sondern fortan die pièce de resistance bei allen folgenden Konzerten bilden muss; eine Programmnummer, deren Beginn schon die Franzosen in Beifallslust versetzt, noch ehe das Orchester anhebt. Die Zeitungen melden nach allen Windrichtungen hin den sensationellen Erfolg, den der Komponist in seiner Freude gleich nach Wien der guten Mutter und den Brüdern depeschirt.

Unter den Konzertreferenten berichteten insbesondere Londoner Journalisten eingehend und begeistert über Strauss, für den sich auch der Prinz von Wales lebhaft interessirt; die Folge ist ein ehrenvoller Ruf nach London zu sechs grossen Konzerten in Coventgarden, die der Meister unter stürmischen Beifallsbezeugungen des sonst kühlen english people abhält. Aus nationalen Volksliedern flicht er hier sein Opus 329, die „Erinnerungen an Coventgarden“.

Lorbeerreich zurückkehrend zu seinen Wienern, sieht er diese schon begierig, ihn wieder als Dirigenten zu sehen und — den Donauwalzer zu hören! Auf einmal gefällt auch ihnen das Stück und man kann sich nicht satt hören daran, hier wie in aller Welt. Der glückliche Verleger, der dem Komponisten zuerst ein Honorar von 250 fl., dann angesichts des Erfolges eine Ehrengabe bewilligt, kann nicht genug Exemplare des Werkes drucken lassen, die zu Tausenden kistenweise Tage und Wochen lang in die weite Welt, zumal nach Amerika gehen. Ueber ein Hundert Platten wurde, wie es heisst beim Druck dieses Walzers abgenützt; das Vergnügen, das sein Hören bereitet, bis heute noch nicht. Wir kennen bereits die Meister-Walzer, die ausser den erwähnten Reisewerken jener Donauhymne, sofort beifällig aufgenommen, folgten: 1867 Künstlerleben op. 316; 1868 die aus Anlass eines grossen, vom Fürsten Hohenlohe veranstalteten Augartenfestes zum ersten Mal vorgetragenen und jenem Fürsten gewidmeten „Geschichten aus dem Wiener Wald“; 1869 das besonders schön instrumentirte op. 333 „Wein, Weib, und Gesang“, das wiederum für Männerchor und Orchester gesetzt durch den Wiener Männergesangverein unter Leitung des von Strauss sehr verehrten Johann Herbeck[107]), dem das Werk gewidmet, am 2. Februar zuerst die Hörer ergötzte. Zwischendurch entstanden noch die erwähnenswerthen Polka-Kompositionen „Leichtes Blut“ op. 319, „Ein Herz, ein Sinn“ op. 323, das zum 25jährigen Jubiläum des vorgenannten Gesangvereins (als Dank für die Pathenschaft beim Donauwalzer!) geschriebene reizvolle op. 328 „Sängerlust“ und die den Ungarn gewidmete Schnellpolka „Eljen a magyar“ op. 332, die der Meister selbst 1869 beim ungarischen Nationalfeste unter Mitwirkung des Budapester Männergesangvereins zum ersten Mal vorführte, um das ganze Land mit ihr in Begeisterung zu versetzen. Wie sich aber die Wiener manche der „höheren Walzer“ des Meisters erst zurecht legen mussten, um darin ihren Johann Strauss zu erkennen und zu bejubeln, beweist das gleichfalls in jener Zeit entstandene op. 340 „Freut euch des Lebens“, das vorläufig zu den abgelehnten Walzern gehört, um erst nach Jahren durch einen unterlegten volksthümlichen Text (Das is'n Weaner sei Schan', siehe IV. Cap.) populär zu werden.

Im Jahre 1869 begleiten den Meister die Gattin und Bruder Joseph nach Pawlowsk, von wo der Letztere, im Innersten sich immer kränker fühlend, rührende, von wahrer Gattenliebe zeugende Briefe an seine Frau richtet,[108]) die neben mancher Nachricht über den Bruder auch von Josephs Verhältniss zu seiner zartsinnigen Schwägerin Kunde geben.

„Ich bin sehr aufgeregt. Meine Stellung hier ist keine leichte. Ich habe Vorurtheile zu bekämpfen, aber ich hoffe, ich werde siegen — das ist mein Streben! Meine Gedanken sind, wenn ich nicht beschäftigt bin, nur auf Dich gerichtet. Ich sehe Dich immer vor mir und empfinde tiefes Weh, dass ich so weit von Dir, so lange von Dir getrennt leben muss. Diese Prüfung, die mir hier aufgelegt ist, wird mich aber in den Stand setzen, Dir zu beweisen, dass ich stets nur für Dich arbeite und nur für Dich lebe. Sprich mir Muth zu!“

So schreibt er im ersten Briefe vom 16. April, und vierzehn Tage später berichtet er ausführlich über sein Leben, die anstrengende Thätigkeit von früh bis in die Nacht und erzählt u. A.: „Jean hat empfindliche Verluste erlitten durch seine Irrung im Datum. Die Musiker kamen alle um vierzehn Tage früher an und so musste er sie entschädigen, was ihm 700 Rubel kostete. Auch muss er jedes Instrumentchen, Triangel, Trommelschlägel etc., bis ins Kleinste kaufen, dafür gingen bei 1700 Rubel auf. Mich kostet der Aufenthalt so gut wie Nichts. Alles bezahlt Jetty, die sich weigerte, von mir auch nur einen Kreuzer anzunehmen. Von meinem Honorar, 3000 Rubel, werde ich daher nur wenig abzugeben haben.“ . . . „Ich will mich nicht mehr von Dir trennen, und nur der Gedanke an Dich lässt es mich hier aushalten und hilft mir die Mühen überwinden.“

In die Zeit dieses Aufenthaltes in Pawlowsk fällt die Entstehung der von Johann und Joseph zusammen komponirten, vielgespielten „Pizzicato-Polka“, welchem opus bereits früher andere, zuweilen von allen drei Brüdern gemeinsam gearbeitete Werke vorangegangen waren, wie 1865 (für einen Vereinsabend des Künstlervereins „Hesperus“) der prächtige „Trifolium-Walzer“ oder 1867 die beim grossen allgemeinen Schützenfeste vor mehr als 30000 Menschen zur Aufführung gebrachte „Schützenquadrille“. Es bedarf kaum der Erwähnung, dass bei solchen Kompositionen Meister Johann gewöhnlich die Introduktion und Coda, die Brüder die anderen Walzertheile arbeiteten.

„Ich will mich nicht mehr von Dir trennen" — aber im nächsten Jahre 1870 schon sollte ein grausames Schicksal ihn vom Herzen seiner geliebten Frau gewaltsam reissen. Für die Familie Strauss war es überhaupt ein Jahr des Leidens, das noch am 13. Februar mit Johanns fröhlichen, den Aufschwung von „Neu-Wien" feiernden Walzerklängen lustig anzuheben schien, um kurz nach der bejubelten Erstaufführung dieses opus 342 (im Konzerte des M.-G.-Vereins) sich zum Trauerjahr zu wandeln. Am 23. Februar drückten die Brüder Strauss der lieben Mutter die Augen zu. Ein herber Schmerz, am herbsten für Johann und Joseph. Der gute Engel, der sie schützend durchs Leben geleitet, das verkörperte Glück ihrer Jugend ging mit ihr dahin. All die edlen Züge der geliebten Todten, sie traten noch einmal hervor, um den Verlust aufs Tiefste beklagen zu lassen. Zwei charakteristische Momente aus den späteren Lebensjahren dieser einfachen, doch herz- und geistgeschmückten Frau, in deren bescheidene Häuslichkeit die Sonnenstrahlen des Ruhmes ihrer Söhne drangen, zum Trost und Lohn für eheliches Ungemach und mütterliche Aufopferung, seien hier festgehalten: Als Johann Strauss zum ersten Male Wagners „Tannhäuser"-Ouverture sich am Klavier durchspielte, kam Mütterchen, von den neuartigen Klängen angelockt, aus ihrem Zimmer, horchte still aufmerksam zu, und konnte, als der Sohn geendet, nicht genug Worte des Entzückens finden.[109]) Ein neuerlicher Beweis ihres hervorragenden Musikverständnisses, das sie, wie uns bekannt schon als Braut und als junge Mutter gezeigt. — Und als Johann von seinen russischen Reisen die ersten Ersparnisse heimbrachte, war es die Mutter, die sie sorgsam wahrte und verwaltete und so den späteren Reichthum ihres Sohnes mitbegründen half.[110]) — Die Wiener erfuhren durch ausführliche Zeitungsnekrologe den Tod dieser, dem Geräusch der Welt so ferngestandenen Frau, und unter allgemeiner Theilnahme folgten die Söhne dem Sarge ihrer Mutter. Am St. Marxer Friedhof, an der Seite ihrer Mutter, hat man sie gebettet — auch im Tode getrennt von ihrem Gatten. Und als die drei Söhne ihr die Schollen ins Grab hinabwarfen, trug einer von ihnen bereits das Todesmal auf der Stirne — Joseph.

Seit seiner schweren Erkrankung im Jahre 1865 ward er oft nach Konzerten von Ohnmachten befallen, wie sie schon den ehrgeizigen Jüngling nicht selten am Studiertische heimgesucht, und nun immer häufiger als Vorboten des Todes erschienen. Am 17. April 1870 gab es ein „Letztes diesjähriges Promenade-Konzert von Joseph und Eduard Strauss. Joseph Strauss wird hierbei zum letzten Male vor seiner Abreise nach Warschau die Musik dirigiren." So besagten die Zettel und lockten viele Wiener an jenem Tage zu einem Abschiedsgrusse an Joseph — auf Nimmerwiedersehen! Den vereinigten Bitten seiner Frau und der Brüder widerstehend, unterzieht er sich der eingegangenen Verpflichtung, während des Sommers im Warschauer „Schweizerthal" täglich zu konzertiren, bis ihn ein tragisches Ende mitten in seiner Thätigkeit gewaltsam unterbrechen soll. Durch einen unverlässlichen Primgeiger, der ein bei der Probe seinetwegen verabredetes „Uebersprung"-Zeichen einer Stelle nicht beachtet, wird eines Abends während der Produktion das Orchester dermassen gestört und auseinandergebracht, dass Joseph sich vor der Unmöglichkeit, das Zusammenspiel zu retten, sieht; in hochgradiger Erregung berührt ihn der schrille Missklang wie ein Schimpf an seiner Ehre — und von einem Nervenschlage getroffen, stürzt er bewusstlos vom Dirigentenpulte rücklings vier

Stufen hinab; mit blutendem Hinterhaupt bleibt er regungslos am Boden liegen. In diesem Zustande nach Hause gebracht, wird der an schwerer Gehirnerschütterung Erkrankte von seiner alten Tante Pepi Waber, die ihm die Wirthschaft besorgte, aufopfernd gepflegt, bis die Gattin und Bruder Johann herbeigeeilt sind. Dieser ist auch bemüht, die Kapelle vor dem Ruin zu bewahren, schliesst mit dem Unternehmer einen neuen Kontrakt, leitet selbst einige Konzerte, um die Sache günstig einzuführen — doch vergebens. Sobald Johann nach Wien zurückgekehrt ist, steuert das Orchester unter Leitung des Kapellmeisters Carlberg, dann Philipp Fahrbachs rettungslos dem Untergange zu. — Nach Wien zurückgebracht, wird Joseph hier am 25. Juli[111]) von seinen Schmerzen durch den Tod erlöst.[112]) An seiner Mutter Seite, auf dem St. Marxer Friedhof, hat er sein Grab gefunden.[113]) Die riesige Volksmenge, an der der Leichenzug vom Hirschenhause her vorbeikam — zwei Militärkapellen waren zum Begräbniss befohlen und spielten Trauermärsche —, gab Zeugniss von der Popularität, die sich auch dieser Strauss errungen, trotzdem er doch nie so recht „für das Geschäft“ geeignet schien, nie so recht „Figur“ gemacht und es ihm an „äusseren“, lärmenden Erfolgen gefehlt hatte.

Nach Böhler's Schattenbild im Verlage von R. Lechner's Hofbuchhandlung, Wien.

Ausser seinen Tanzkompositionen hinterliess Joseph Strauss auch Lieder, einen Konzertmarsch, eine Operette mit selbstverfasstem Text, wie er denn sein dichterisches Talent auch in mehreren Elegien (mit begleitender Musik) und einem Trauerspiele „Manfred Rober“ (vgl. Anm. 18) versuchte. — Nirgend offenbart sein Genius sich mit elementarem Ausbruch, faszinirender Gewalt; überall doch mit jenem anmuthenden Feinsinn, wie wir gleich sympathisch in den Zügen seines Bildes ihm begegnen, das auch Tilgner in einer, auf Seite 43 dieses Buches abgebildeten Büste festgehalten hat. Ueber Josephs minderjähriges Töchterchen Caroline[114]) übernahm die Vormundschaft Johann Strauss.

Ein Lebensabschnitt schloss mit diesem Leidensjahre für den Meister, der — mit zum Zeichen des Anbruchs einer neuen Epoche seines künstlerischen Wirkens — auch seine Stelle als Hofballmusikdirektor niedergelegt hat.[115]) Sein Reich, das er zu beherrschen wusste wie kein Anderer, war ihm, dem es ein Königthum verschafft hatte, zu klein geworden. Wir sehen ihn nunmehr die Grenzen seines Machtbereiches überschreiten, strebend zwar nicht nach einer neuen Krone, doch nach der Suzeränität über ein ihm ursprünglich fremdes Gebiet.

DER KOMPONIST DER „FLEDERMAUS". — DIE OPERETTEN (1871—1883).

Offenbachs Wort mit seiner schmeichelnden Versicherung des französischen maestro unserem Meister gegenüber, dass dieser „alle Eigenschaften habe, um in der Operettenkomposition glänzend zu reussiren," war gewiss auf den fruchtbarsten Boden gefallen — den des Ehrgeizes. Gleichwohl hatte damals Johann Strauss bescheiden abgelehnt, und es bedurfte anderer Einflüsse, die Saat nach Jahren zum Aufkeimen zu bringen. Am lockendsten rief da wohl eine sonnige Frauenstimme — Jetty Treffz, deren eigene Triumphe vor Allem mit dem Zauberkreise des Theaters verknüpft gewesen, schien eifrig bemüht, auch die Kunst ihres Gatten der Bühne zu gewinnen. Das Blut der vornehmen Sängerin hatte sich jenem des immer höheren Zielen zustrebenden Komponisten glücklich vereint, und es ist fraglich, ob der doppelte Pulsschlag diesen gerade nach dem Ruhm einer jener Offenbachschen „musiquettes" drängte, die augenblicklich das Theater an der Wien und den Geschmack des Publikums beherrschten. Aber der „böse Geist" trat in Gestalt des Direktors dieses Theaters selbst an Johann Strauss heran: Maximilian Steiner suchte und fand hier ein Element, kräftig genug, jenes Offenbachs auszulösen, was beispielsweise Suppés Erfolgen[116]) nicht gelungen war. Und endlich gab Johann Strauss dem unaufhörlichen Locken und Drängen nach, zumal er sich ja selber unversehens mit seinen Gesangswalzern die Brücke geschlagen hatte, die ihn nun mühelos zum Tempel der leichtgeschürzten Muse führte. Das erste Libretto: „Die lustigen Weiber von Wien", von Joseph Braun, dem Textdichter Suppés verfasst, ward ebenso feuereifrig rasch komponirt, als es, ohne das Rampenlicht erblickt zu haben, im Theaterarchive verschwand[117]) — die Hauptrolle war der

Gallmeyer zugedacht gewesen, die aber dem Verbande des Karltheaters angehörte, während Johann Strauss dem Theater an der Wien verschrieben war, das keine geeignete Interpretin dieser Partie besass. Nicht im Geringsten verdriesslich über nutzlos vergeudete Gedanken und Arbeit stürzt Johann Strauss das unerschöpfliche Füllhorn seiner Melodieen über einen neuen Text, den er mit jener Sorglosigkeit, die wir zum ersten Male beim Komponisten des „Donauwalzers" bemerkten, aus Max Steiners Hand entgegengenommen. „König Indigo" hiess das dreiaktige Machwerk[118]) einer ganzen Reihe anonymer Federn, die Steiner mit seinem Namen deckte, wie wenig Antheil er auch an den Strohfiguren und geistlosen Szenen des „Buches" haben mochte. Doch unter den Händen des „Walzerkönigs" verwandelt sich alles in Gold, und die von den Blättern seit Jahren schon angekündigte Aufführung der ersten Operette von Johann Strauss, vom Publikum mit Spannung erwartet, wurde für Wien ein Theaterereigniss ersten Ranges und zum rauschenden Triumphe für den Komponisten. Die Première ging am 10. Februar 1871 bei überfülltem, die Spitzen der Gesellschaft und Künstlerwelt vereinigenden Hause[119]) vor sich. Der stürmisch begrüsste Meister, trotz heftigen Lampenfiebers äusserlich ruhig, dirigirte selbst die vier Stunden währende Aufführung. Der grösste Jubel erhob sich, wie zu erwarten stand, nach dem Terzett des ersten Aktes mit dem berühmten echt Wiener Walzer: „Ja so singt man in der Stadt, wo ich geboren" — im Zuschauerraum gerieth Alles ausser Rand und Band, es war ein Triumph des Walzerkönigs, nicht des Operettenkomponisten, wenngleich die hervorragendsten Nummern des Werkes[120]), wie das effektvolle erste Finale oder Fantaskas Ballade im 2. Akt (B-moll, dann B-dur) ihre Wirkung nicht versagten. Die respektable Arbeit des Ganzen, die, von der ungewöhnlichen Erfindungskraft abgesehen, die Vorzüge einer eigenthümlich reizvollen Harmonik und Rhythmik, einer oft bestrickenden Instrumentation vereinte, die feinempfunden durchgeführten melodramatischen Stellen wurden von dem Häuflein vorurtheilsloser Musiker freudig anerkannt[121]) — und die hochweise und gestrenge Kritik setzte sich ja fürder, wenn die Première einer Straussschen Operette am Zettel stand, nicht minder würdevoll zu Gericht, als etwa bei der Erstaufführung eines Wagnerschen Musikdramas. Vorerst aber musste sich noch das ewige Spiel des Vorurtheils und Misstrauens erneuern, dem wir immer wieder im Bilde so manchen Künstlerlebens begegnen und dessen Modell lautet: zuerst Zweifel an der Begabung überhaupt; dann, wenn der Künstler mit Mühe und Energie sich auf einem Gebiete der Kunst einen Namen geschaffen und nun auf ein zweites, höheres übergreifen will, heisst es: ja, dort ist sein Platz, dort mag er bleiben, dort reicht seine Begabung aus, hier nicht. So ergeht es dem Lyriker, dem Liederkomponisten, der sich eines Tages zum Drama, zur Oper berufen fühlt, und so stand auch Johann Strauss vor der hohen Mauer des Vorurtheils, als er mit seiner ersten Operette auf den Plan trat. Inwieweit hier das Vorurtheil begründet war, mag die Folge dieses Entwickelungsganges lehren, der uns zeigt, dass Strauss' Operette sich von vornherein als ein Uebertragen der Tanzformen in mehr oder minder logisch zusammenhängender Weise auf das Gebiet der Bühnenmusik darstellt, meist ohne Berührung des dramatischen Kernpunktes, soweit ein solcher überhaupt den Librettis zu eigen war.

Am Anfange seiner Künstlerlaufbahn hatten so Manche unserem Johann Strauss die Befähigung zum Walzerkomponisten abgesprochen und den wohlmeinenden Rath ertheilt, er möge doch lieber bei der Polka bleiben; nun er als „Walzerkönig“ mit der ersten Operette debutirte, gab der grösste Theil der Kritiker das Werk vor und nach der Première verloren — er habe nicht das Zeug, neben einem Offenbach zu bestehen. Bald aber hatten die Nörgler ver loren — mit seinem Bühnenerstling schlug Joh. Strauss nicht nur Offenbach, er siegte auch über einen gefährlicheren, inneren Feind, das einstimmig verdammte Libretto. In dreissig Wiederholungen en suite bei stets vollem Hause und höchstem Kassastande zeigte sich der Erfolg der allerdings auch durch hervorragende Kräfte (Marie Geistinger als Fantasca) dargestellten und blendend ausgestatteten „Prachtoperette“, deren Walzer bald ihren Weg durch die Orchester der Vergnügungssäle bis zu den popularisirenden Drehorgeln nahmen. Bevor das Werk seinen Siegeszug über die Bühnen des Auslandes antrat, musste sich das Libretto noch manche mehr oder weniger vergebliche Aenderung gefallen lassen, die frische Musik aber entzückte im teatro nuovo zu Neapel ebenso, wie im Alhambratheater Londons oder im théâtre Renaissance in Paris, von dessen Beifallsstürmen wir noch hören sollen.

Die Unzahl der Textbücher, die nun den glücklichen Operettenkomponisten überschwemmten, schien allzusehr dem Spruche, dem Schlechten folge nichts Besseres auf dem Fusse nach, Ehre zu geben, um den ein wenig gewitzigten Meister zum schnellen da capo des Experimentes zu verlocken. Vorerst gab er dem energischen Impulse seiner Gattin nach und die Abneigung gegen das Reisen muthig überwindend, schifft er sich mit ihr am 1. Juni 1872 in Bremerhaven ein, um einem materiell glänzenden Rufe nach Boston zu folgen,[122]) wo man anlässlich der Hundertjahrfeier der Selbstständigkeitserklärung Nordamerikas Monstre- — d. i., wie wir sehen werden, monströse — Konzerte veranstaltete. Nach glücklich überstandener Fahrt — eine gleichzeitig mitreisende preussische Militär-Kapelle vergnügte die Gesellschaft mit den Weisen des Komponisten, der der einzige nicht Seekranke von Allen war und sich mit dem Kapitän bei Kognak und Zigarren trefflich unterhielt — landete man am 16. Juni in New-York und fuhr nach kurzer Rast nach Boston weiter, wo die Reklame unseren Meister nicht minder amerikanisch anmuthete als das ungeheuerliche Arrangement der Konzerte selbst: in einer hunderttausend Kopf an Kopf gedrängte Zuhörer fassenden Riesenhalle standen auf der Musikertribüne Tausende von Sängern und Orchestermitgliedern. Um den Riesenkörper, der des Meisters berühmte Gesangswalzer zu interpretiren hatte, überhaupt leiten zu können, hatte man diesem zwanzig Subdirigenten beigegeben; drastisch schilderte Joh. Strauss einem Freunde seine Lage am obersten Dirigentenpult, von dem aus er nur die Zunächststehenden erkennen konnte, bewusst, dass trotz aller Proben an eine Kunstleistung, einen Vortrag und dergleichen nicht zu denken sei; eine Absage aber wäre gefährlich gewesen. Ein Kanonenschuss war der „zarte Wink für uns Zwanzigtausend, dass man beginnen müsse. Ich gebe das Zeichen, meine zwanzig Subdirigenten folgen mir so gut sie können, und nun geht ein Spektakel los, den ich mein Lebtag nicht vergessen werde. Da wir so ziemlich zu gleicher Zeit angefangen hatten, war meine ganze Aufmerksamkeit nur noch darauf gerichtet, dass wir auch — zu gleicher Zeit aufhören. Gott sei Dank, ich brachte auch das zuwege. Es war das Menschenmöglichste. Die hunderttausendköpfige Zuhörerschaft brüllte Beifall, und ich athmete auf, als ich mich wieder in freier Luft befand. Am nächsten Tage musste ich vor einer Armee Impresarios die Flucht ergreifen, die mir für meine Tournée durch Amerika ein ganzes

Kalifornien versprachen. Ich hatte an dem einen Musik„fest“ gerade genug und kehrte mit möglichst beschleunigter Geschwindigkeit nach Europa zurück.“ [123])

Vierzehn solcher „Konzerte“ waren indessen noch zu überstehen mit all den mehr oder minder handgreiflichen Huldigungsbeweisen der Amerikaner und Amerikanerinnen, die so den Meister bedrängten, dass sechs Konstabler ihm und seinem Diener, der ihm die Geige nachtrug, den Weg zum Dirigentenpulte und zurück bahnen mussten. Auch bei zwei grossen Bostoner Bällen hatte sich Strauss an die Spitze eines ausgewählten Orchesters von dreihundert Mann zu stellen und seine Popularität war zweifel- und beispielloser als jene Verdis und Bülows, die zur selben Zeit beim Musikfeste dort dirigirten. Wo immer sich der Meister und seine Frau zeigten, brach die Menge in jubelnde Zurufe aus. Auch auf der Bühne des Theaters zu New-York leitete Strauss vier glänzende Konzerte.

Am 13. Juli wieder auf europäischem Boden, kehrte der Meister nicht gleich in die eben cholerabeherrschte Donaustadt zurück. Ein zweimonatlicher Aufenthalt in Baden-Baden giebt ihm nicht Gelegenheit zur Erholung allein; häufig stellt er sich zu wohlthätigem Zwecke an die Spitze der von Dupressoir arrangirten Konzerte der trefflichen Badener Kurkapelle — Schuch, der spätere Generalmusikdirektor, war damals hier engagirt — und gewinnt die Gunst des zur Kur dort weilenden Kaisers Wilhelm I. Der Monarch schliesst sich oft auf dem Spaziergange dem Walzerkönig an, fehlt selbstverständlich bei keinem seiner Konzerte, und eines Abends, nach dem Vortrag seiner Lieblingsstücke — und dazu zählten gerade die hervorragendsten Walzer des Meisters, namentlich die „Geschichten aus dem Wiener Wald“ — zeichnet er ihn coram publico nicht nur mit huldvollen Dankesworten und dem Drucke der kaiserlichen Hand aus, sondern lässt ihm auch durch den Generaladjutanten den rothen Adlerorden überreichen. Die Widmung der schönen „im Konzertstil für grosses Orchester“ gehaltenen „Fest-Polonaise“ (op. 352, des polyphonen Satzes wegen leider nur für Clavier zu 4 Händen erschienen) war der Gegendank Straussens der öfter auch im engsten Kreise der kaiserlichen Familie konzertiren musste.

Gegen Ende Oktober 1872 heimgekehrt, vollendet Johann Strauss mit neuer Lust die vor der Reise begonnene Komposition seiner nobelsten Operette, des „Karneval in Rom“ (3 Akte). [124]) Diesmal hatte Librettist Jos. Braun die Hand im Spiele; nach Sardous Piccolino schuf er ein vernünftiges, heiter belebtes Sujet, um dessen Szenarium sich bereits Zell und Genée, denen wir noch näher begegnen, verdient gemacht. Ein Textbuch, das nicht den Walzerkomponisten kat' exochen, umsomehr aber den feinempfindenden Musiker sprechen liess, der dieses sein einer edleren Richtung huldigendes Werk stellenweise zur lyrischen Oper erhob. Aus der Partitur treten das Quintett im 2. und das Quartett im 3. Akte besonders hervor. Die Première am 1. März 1873 hatte nicht weniger Andrang [125]), nicht geringere Spannung des Publikums hervorgerufen, als jene von Indigo und der den ganzen Abend hindurch gefeierte Komponist durfte den ihm überreichten goldenen Lorbeerkranz als Zeichen eines umso bedeutungsvolleren Sieges deuten, als seine Musik sich eben nicht auf populärem Walzergeleise bewegte. Willig anerkannte die vornehme Kritik die musikalische Vertiefung, indessen beim Publikum namentlich die Arien der Gräfin und Arthurs, die poetisch duftige Schlussromanze mit dem Choral des 1. Aktes und die Duette zwischen Arthur und Beppino „einschlugen.“ [126]) Erfolgreicher noch als „Indigo“, eroberte sich der „Carneval“

63 Bühnen. In Wien selbst ward er zum Kassastück während des durch die Choleragefahr getrübten Ausstellungsjahres, und die gedrückte Stimmung einigermassen zu heben fiel ihm und den Aufführungen der Strauss-Kapelle zu, die am 6. April 1873 das „50jährige Jubiläum des Bestehens der musikalischen Produktionen Strauss'“ mit einem Wohlthätigkeitskonzert „unter Direktion der k. k. Hofballmusikdirektoren Johann und Eduard Strauss“ — dieser bekleidet die nach dem Rücktritte des Bruders im Jahre 1871 empfangene Hofwürde bis heute[127]) — feierlich beging.

Das interessante Programm, das der Pietät gegen Vater Johann und Joseph Strauss gerecht ward und die vorzüglichsten ihrer Kompositionen enthielt, lockte eine nicht minder interessante und zahlreiche Hörerschaft in den grossen, bald gedrängt vollen Musikvereinssaal. „Ausgeprägt altwienerischen Charakter trugen die Psysiognomien der meisten Besucher, die hierher gekommen, um fröhliche Erinnerungen aus der „guten alten Zeit“ in Tonbildern an sich vorüberziehen zu lassen.“[128]) Beispielloser Jubel brach schon nach der ersten von Eduard Strauss dirigirten Nummer, dem „Radetzkymarsch“ aus; er steigerte sich womöglich, als Johann, den das Publikum demonstrativ begrüsste, unter andächtiger Aufmerksamkeit des Vaters erstes und letztes Werk, die „Täuberln“ und „Soldatenlieder“ und dann zum Danke für den nicht endenwollenden Beiall die „Loreley-Rheinklänge“ zu Gehör brachte. Auch Josephs erstes und fetztes Opus „Die Ersten und die Letzten“ und „Rudolphsklänge“, dann als Zugabe die Polkas „Frauenherz“, „Libelle“ und „Blitz“, von Eduard Strauss dirigirt, rührten Aller Hände zum Applause, bis das an den Schluss der ersten Abtheilung gestellte grosse Potpourri des Vaters „Ein Strauss von Strauss“ mit dem Bürgergrenadiermarsch zu neuem Jubel hinriss. Im zweiten Teile dirigirten Johann und Eduard ihre neuesten Kompositionen, dieser den Walzer „Fesche Geister“ und die Polka „Ein Stück Wien“, jener die Ouverture zum „Karneval“ und die nach Motiven dieser Operette komponirte Polka „Vom Donaustrande“ (op. 356.)

Die Begrüssung Meister Johanns an diesem „historischen Abend“ war besonders lebhaft und anhaltend „als gelte es, sich dafür schadlos zu halten, dass man seit Jahren so selten Gelegenheit hatte, ihn am Dirigentenpulte zu sehen.“

Diese Gelegenheit erhielten übrigens die Wiener und ihre Gäste zu Beginn und am Ende der Ausstellungszeit: Johann leitete zum Theile die ersten Tageskonzerte der vom Direktorium der Ausstellung aus Elberfeld engagirten Langenbachschen Kapelle am Mozartplatz, die seiner Feder eine Reihe neuer Tanz-Kompositionen entlockten, darunter namentlich den prächtigen für Chor und Orchester gesetzten Walzer „Bei uns z' Haus“ (op. 361, auf einen Text von Ant. Langer); und als vor Schluss der Exposition das chinesische Ausstellungskomité ein grosses von Herbeck arrangirtes Festkonzert gut österreichischen Programms veranstaltet, dirigiren Dessof und Herbeck im ersten Theile Werke von Haydn, Mozart, Beethoven, während Johann Strauss den „Romantiker“-Walzer von Lanner, den „Nobelgardenmarsch“ seines Vaters vorführt, um zuletzt mit dem „Donauwalzer“ einen „Rausch des Entzückens“ hervorzurufen. Während sein obengenannter neuer Gesangswalzer „Bei uns z' Haus“ bei der ersten Aufführung im Programm eines Juni-Nachtfestes in der Ausstellung dem dirigirenden Komponisten stürmische Huldigungen eintrug und auch die nach Motiven aus „Indigo“ und „Karneval“ gebauten Tanzkompositionen op. 343—346 und op.

356—360[129]) sogleich beifälligste Aufnahme fanden, gehört das im selben Jahre komponirte köstliche „Wiener Blut“ (op. 354) wieder einmal in die Liste der vorläufig abgelehnten Walzer — man möcht' es kaum glauben, dass sein entzückendes, lebensprühendes Hauptthema, all der sprechende Ausdruck energischen Willens zum Dasein (im zweiten Theil, dritte Abtheilung) nicht sofort, als das König Christian IV. von Dänemark zugeeignete Werk bei einem Frühlingsfeste im Volksgarten zum ersten Male gespielt ward, beim Phäakenvolke durchschlug, sondern einer Volkssängerin (Ulke) bedurfte, um mit unterlegtem Texte von deren Lippen erst in Aller Mund zu kommen.

Wie oft Werke hohen Gehaltes zuerst gleich einem Aschenbrödel unbeachtet Jahre durchwandern, bis eines Tages der plötzlich erkannten Prinzessin eine Welt zu Füssen liegt, erzählt uns „Die Fledermaus“, die genialste Operette von Johann Strauss, die der Meister um die Jahreswende 1873 innerhalb von sechs Wochen, nur in den Nächten komponirend, schuf. Direktor Steiner hatte das erfolgreiche Vaudeville „Reveillon“ von Meilhac und Halévy für sein Theater erworben, liess aber den Gedanken, es aufzuführen, wieder fallen und bot es durch Lewy dem Direktor des Karltheaters, v. Jauner an; dieser lehnte ab und Lewy schlug dem Besitzer die Umwandlung in ein Libretto für Strauss vor, der sich sogleich begeisterte. C. Haffner und Richard Genée wurden mit der Arbeit betraut. Ueber dieses mehr geschmähte als gerühmte Textbuch „heiss mich nicht reden, heiss mich schweigen.“ Das Preisen der „zusammenhängenden, vernünftigen Handlung“ enthält nur ein verdächtiges Lob, und die zweifellos geschickte Szenenführung bleibt das einzig Gute, was diesem Texte nachgesagt werden kann. In dieser Hinsicht soll das unbestreitbare, hochanzurechnende Verdienst Genées ebenso wenig geschmälert werden, als dessen günstiger Einfluss in seinem Verhältnisse zu Johann Strauss überhaupt. Dieser arbeitete gern mit dem von ihm persönlich hochgeschätzten Komponisten, der sich bekanntlich die Texte zu seinen Operetten (die beliebtesten wurden „Der Seekadet“, „Nanon“) grösstentheils selbst verfasste und so, Musiker und Librettist zugleich, es trefflich verstand, die Gesangstexte auch der Operetten unseres Meisters tongerecht zu gestalten.[130]) — Der Vorwurf der Frivolität des Stückes an sich mag, wenn auch nicht gerechtfertigt, doch damit entkräftet werden, dass Moralisten folgerichtig z. B. auch den Genuss von Mozarts „Figaro“ oder „Don Juan“ verbannen müssten, gleich jenem Spreeathener, der nach der Berliner Première der Oper aller Opern 1796 schrieb: „Ich hörte hier ein Singschauspiel, welches die Vernunft kränkt, die Sittsamkeit beleidigt, und die Tugend mit Füssen tritt. Kann man gleichgültig bleiben, wenn man drei volle Stunden lauter Handlungen mit ansieht, von welchen eine einzige schon fähig ist, den gerechten Zorn zu reizen?“[131]) — Nein, wir wollen der „Königin der Operetten“ noch weniger mit Prüderie begegnen; aber lesen darf man diesen Text nicht, weil seine Trivialität uns mehr abschreckt, als die Frivolität. Läppische Stellen wie gleich im Anfang: „Lange Weile giebt es nie da — so schreibt meine Schwester Ida! etc.[132]) wecken das höchste Mitleid mit dem Verfasser und —

Richard Genée.

den Künstlern, die verurtheilt sind, derlei zu sprechen; zum Glück wird es aber gesungen und dieses musikalische Meisterwerk ist nur ein Beweis mehr, dass, wie schon Mozart einmal in einem Briefe schreibt, bei einer Oper denn doch allemal — die Herren Theaterdirektoren mögen sagen, was sie wollen — die Musik die Hauptsache bildet. Es ist ein Beweis nicht nur für die veredelnde Macht der Töne an sich, auch für die Höhe dieser Straussschen Musik, die es vermochte, die Worte solchen Textes zu adeln, ihren Inhalt dem Ohre förmlich vergessen zu machen. Während der Textdichter beispielsweise in Adelens Kouplet des 3. Aktes („Spiel' ich die Unschuld vom Lande"), nackte Worte spricht, die eine vornehme Schauspielerin sich scheute in den Mund zu nehmen, deckt ihre Blösse der Tonmeister mit dem goldenen Gewande seiner Musik, dass die besten Sängerinnen trachten, sich damit zu schmücken. Johann Strauss schuf mit eben dieser Operette, wie Kalbeck[133]) bemerkt, ein „in seiner Art klassisches Werk, dem nichts Aehnliches oder Verwandtes an die Seite gestellt werden kann, eine Musik, die dem Texte das Brandmal der Gemeinheit von der Stirne wischt und den Stempel des Genius an seine Stelle setzt."

Der überschäumende Gehalt des Werkes gelangt schon in der Ouverture zu beredtem Ausdruck.[134]) Man braucht durchaus kein Freund von musikalischer Mosaikarbeit oder gar Potpourriduft zu sein, um sagen zu müssen, so sehr auch stets beim Anhören dieses Instrumentalstückes der Charakter des Kaleidoskopartigen den ästhetisirenden, formal denkenden Musiker immer von Neuem befremden mag, er wird doch immer aufs Neue vom faszinirenden Zuge selbst, der durch die einzelnen, fessellos aneinandergereihten, prägnanten Motive geht, überzeugt und mit fortgerissen. Der „rote Faden", den wir bei einem deutschen Kunstwerk, es gehöre der Literatur oder Musik an, nie vermissen wollen, ihn ersetzt hier, ich möchte sagen, ein flatterndes „blaues Band", das all die losen Themen graziös vereinigend umschlingt. Dieser Themenreigen an sich schon bringt uns auf den Charakter des Werkes, wie ihn Rudolf von Gottschall in die Worte fasste: „Die Fledermaus scheint mir die beste deutsche Operette zu sein; man kann sie in der That ein musikalisches Lustspiel nennen. Der Champagnerrausch ihrer Melodien hat etwas so Hinreissendes, dass er das Moll des ärgsten Hypochonders entwölken muss." Welch prächtiges Lustspielthema ist das in der Ouverture zuerst in D-dur erklingende

mit den reizvoll chromatisch im pizzicato aufsteigenden Bässen in der zweiten Periode, der graziösen Wendung über H-moll nach Fis-dur und zurück über E- und G-dur; wie vornehm anmuthig, dass es bezaubernder nicht gedacht werden kann; hier zeigt sich Strauss als Meister des modernen musikalischen Lustspieltons, wie Keiner vor und nach ihm bis heute ihn getroffen; von hier aus hätten unsere jungen Komponisten auszugehen, sofern ihnen die Grazien das Talent verliehen, lieber diese völlig brach liegende Operngattung zu pflegen, als fruchtlose Versuche auf dem Kothurn des Musikdramatikers zu unternehmen. Mit den fascinirenden Motiven des G-dur-Walzers, dessen schwirrendes Hauptthema nach Lannerscher Manier in den Geigen auf der vierten Saite beginnt, schwingt Johann Strauss sein Königsszepter, dagegen trifft er den übermüthigen Ton der Operette mit

einem Thema von geradezu französischem Chic und prickelndem Reiz — man könnte roth dabei werden. Nächst der Ouverture sind namentlich die beiden Finales, — das zweite als wahre Apotheose jenes Champagnerrausches der Melodien — und das Terzett des dritten Aktes (Anfang Des-dur) als Glanzpunkte der Partitur herauszuheben, die auch in instrumentaler Hinsicht (das zweite Finale ist besonders bemerkenswerth) zu jenen Meisterwerken zählt, die nicht nur als Höhepunkte im Schaffen dieses Komponisten, sondern auch als Musterbeispiele tonkünstlerischen Geschmackes für jeden aufstrebenden, schaffenden Musiker gelten können.

Gleich dem flüchtigen Zeichner, der sein Bild in wenigen, doch charakteristischen Strichen leicht und sicher hinwirft, illustrirt unser Meister oft mit der blossen Melodie schon das Wort; so wenn der fidele Gefängnissdirektor hinsingt:

baut es sich wie ein luftiger Käfig vor unseren Augen auf. Aus dem melodiebedachten Rollenkreise treten die weiblichen Hauptpartien hervor, insbesondere gedenken wir vom rein musikalischen Standpunkte der mit reizvollen Koloraturen geschmückten Adelens, die sich mit einem herzhaften Lacher einführt

Was aber erlebte das heute so überschwänglich gefeierte, selbst hofopernfähig gewordene Meisterwerk, sobald es am 5. April 1874 im Theater an der Wien aus der Taufe gehoben war? Kritik und Publikum behandelten „Die Fledermaus", mit wenigen Ausnahmen, so gleichgültig, dass sie am Platze nur sechzehn Mal en suite in Szene ging, was für Wiener Verhältnisse einem gelinden Durchfall gleichkommt. Dieser „Kaskade von Urmelodien", um einen Ausdruck Doczis zu gebrauchen, sagte damals Hanslick nach, dass „die melodische Erfindung hier nicht mehr ganz so reich quillt wie in Indigo . . . Der Musiker warf duftende Blüthen auf die Sünden der Librettisten," aber das Champagnerlied enthalte „durchaus nichts Moussirendes und Prickelndes, sondern höchstens eine Verherrlichung von Kleinoschegg!" Fast die gesammte Kritik verdammte einstimmig das „schlechte" Textbuch und nickte der Musik nur so weit gnädig zu, als die Schicklichkeit dem berühmten heimischen Komponisten gegenüber ein Anderes verbot. Nur Schelle[135]) und Speidel nahmen sich rühmlich aus. Und die mitwirkenden Künstler selbst? Sie schienen keinen Antheil an dem Werke zu nehmen, wie eine Episode zeigt, die zugleich für Genées praktisches Verständniss und sein verdienstvolles Eingreifen spricht: bekanntlich schildert der Beginn des dritten Aktes in einer halb melo-dramatischen Pantomime die Heimkehr des Gefängnissdirektors von der „berauschenden" Ballnacht beim Prinzen Orlofsky. Mit leisen, gleich Traumbildern vorüberziehenden Anklängen aus der Ballmusik illustrirt Johann Strauss hier den Gemüthszustand des Mannes in einem köstlichen, meisterhaften Orchestersatze, der in seinem genialen Wurfe als eine Art Gegenstück zur Beckmesser-Pantomime

im dritten Akte der „Meistersinger“ gelten darf. Bei der ersten Bühnenprobe will sich die erhoffte Wirkung des Melodrams nicht einstellen. „Wenn so lang nix g'redt wird, dös is fad,“ bemerkte die Geistinger (Rosalinde); und das bestärkt den Komponisten in seinem Zweifel, so dass er sich anschickt, die Nummer zu streichen; da erhob sich Genée und, energisch protestirend, rettet er eine der genialsten Eingebungen des Walzerkönigs.

„Merkwürdig genug, dass es Berlin, die norddeutsche Residenz sein musste, die dem Volk der Phäaken die Augen über den Werth dieser lebensprühenden autochthonen Oper gründlich öffnen sollte. Dort errang „Die Fledermaus“ sogleich einen so durchgreifenden und anhaltenden Erfolg, dass nun auch die Wiener das Werk zu schätzen und lieben begannen und es einen wahren Siegeszug über alle deutschen Bühnen antreten konnte. Die Aufführungen der „Fledermaus“ zählen bis heute sogar in kleinen Städten nach hunderten, bis Indien (Bombay), Australien (Melbourne, Adelaide) und Afrika (Viktoria) ist sie gedrungen, von amerikanischen Orten (Chicago, Detroit, New-York, Philadelphia, Pittsburg, San Francisco) zu geschweigen. Man gab und giebt sie in Kopenhagen und Amsterdam, in London, Paris und Petersburg, in Stockholm, Reval und Odessa. Ja seit 1894 ist „Die Fledermaus“ sogar hofopernfähig geworden, nachdem Gustav Mahler am Hamburger Stadttheater mit berühmten Opernkräften (Klafsky, Artner, Bötel) vorangegangen war. Es folgte Wien, Karlsruhe, München und Stuttgart — kurzum die „Fledermaus“ bildet in der Geschichte des deutschen Theaters ein sensationelles Ereigniss.“[136]) Auf ihr Erscheinen in Paris kommen wir noch zu reden.[137])

Die ursprünglich erniedrigte Operette in extremo wiederum zur „komischen Oper“ avanciren zu lassen, und hierbei vielleicht ihrer Pikanterie berauben zu wollen, wie es in der Letztzeit allenthalben versucht wurde, ist ebenso geschmacklos, als wenn andererseits Soubretten gewissen scharfen Schlages durch starken Auftrag über die musikalische Vornehmheit des Werkes sich hinwegsetzen und ihm einen schlechten Dienst erweisen. Der Gourmand lässt sich sein Ragout auch durch noch so reizende Pfeffergürkchen nicht gerne verderben.

Vor Schöpfung der nächsten Operette trat Johann Strauss nach fast zweijähriger Pause, diesmal von Lewy begleitet, abermals eine Kunstreise an; sie führte ihn an der Spitze der uns bereits bekannten Langenbachschen Kapelle auf zwei Monate nach Italien: Venedig, Verona, Livorno, Mailand, Turin, Genua, Neapel jauchzten in echt wälscher Begeisterung dem Walzerkönig zu; in jeder Stadt gab es, zumeist im Theater, mehrere Konzerte, und fast überall wurden besonders der „Donauwalzer“, die „Morgenblätter“, die „Annen“- und Pizzicatopolka so sehr zu Favoritstücken, dass Straussche Weisen bis heute noch unter dem blauen Himmel Italiens populär geblieben sind.[138]) Die Erinnerung an das Land „Wo die Zitronen blüh'n“ hat Johann Strauss in seinem dort komponirten Walzer op. 364 festgehalten. Auf der Rückreise wurde auch in Triest und Graz konzertirt.

Das nächste Textbuch, das man dem Meister „unterschob“ — wir können kaum anders von den „Sünden der Librettisten“ reden, die der gutmüthige Musiker Strauss „mit duftenden Blüthen“ decken sollte — stand im Zeichen des Lokalkolorits. Die anerkennenswerthen Vorarbeiten, die der Verfasser F. Zell, recte Camillo Walzel mit dem Durchforschen der Wiener Bibliotheken, ja selbst dem Studium von Geschichtswerken unternahm, um „Cagliostro in

Wien" auf die Bühne zu bringen, standen vermuthlich in keinem Verhältniss zum praktischen, bühnenliterarischen Ergebniss; denn auch diesmal war es, trotz Mitwirkung Genées, nicht Straussens würdig, der gleichwohl mit jener Liebe zur Sache zugriff, die unseren Melodienkrösus förmlich blind gegen derartige Ver-

Pariser Plakat.

(Original im Besitze des Musikhistorischen Museums des Herrn Fr. Nic. Manskopf in Frankfurt a/M.)

geudung seiner Schätze machte. Auch dieses Werk, das seine Première am 27. Februar 1875 im Wiedener Theater erlebte, weist einige hervorragende Nummern auf,[139]) wie das erste Finale oder das Terzett (Cagliostro, Frau Adami, Emilie) und das Duett (Blasoni, Frau Adami) des dritten Aktes. Der einzige Vortheil des Librettos war, dass es dem Komponisten Gelegenheit bot, ganz aus dem Volksgeiste heraus schaffen zu können; und dieses natürliche

Lokalkolorit aus seiner Feder brachte dem Werk in Wien selbst einen Erfolg, den anderwärts die künstlich aufgetragene Farbe des Sujets versagte. Und so gestattet auch die Liste der eroberten Städte hier weder qualitativ noch quantitativ einen Vergleich mit jener, die namentlich „Indigo“ und „Die Fledermaus“ vorweisen durften.[140])

Pariser Plakat.

(Original im Besitze des Musikhistorischen Museums des Herrn Fr. Nic. Manskopf in Frankfurt a/M.)

Diese beiden Operetten führten, nach entsprechender Textbearbeitung, ihren Schöpfer vor Allem in Paris zu neuen Triumphen. Jene ging als „La reine Indigo“ (aus dem König war eine männersüchtige Königin-Wittwe geworden), diese als „La Tzigane“ im théâtre de la Renaissance mit durchschlagendem Erfolg in Szene. Johann Strauss reiste nach der Wiener „Cagliostro“-Première im März 1875 nach Paris, um persönlich die Proben zur ersten Aufführung seines französirten „Indigo“ zu leiten, dessen Partitur durch mehrere völlig neue Nummern, wie durch die umgeschaffene Titelrolle (für Madame Alphonsine) bereichert war, und wurde Zeuge des fabelhaften Andranges[141]) und Jubels von tout Paris, der über die Première des Werkes hinaus durch lange Zeit anhielt. Wochenlang ward im kleinen Renaissancetheater nichts als „La reine Indigo“ — „zur Stunde die anerkannte Königin der Pariser Operetten,“ wie Hanslick damals von dort schrieb — gegeben; und immer waren alle Logen und Fauteuils vergriffen; aber auch in den Pariser Salons hörte man nur den Klang des Namens und der Walzer von Johann Strauss „und es schmälert den Triumph des Komponisten keineswegs, dass seine gewinnende, persönliche Liebenswürdigkeit und Bescheidenheit das Publikum dieser ersten Vorstellung noch günstiger stimmte.“ [142])

Angesichts dieses Erfolges sah sich der Direktor des Renaissancetheaters veranlasst, den begeisterten Parisern bald auch „Die Fledermaus“ vorzuführen, und „La Tzigane“, weniger merkwürdig durch den geänderten Titel[143]) als durch mitverarbeitete Motive aus „Cagliostro“ [144]) — auf solchen beruhen auch die inzwischen erschienenen Orchestertänze op. 369—374, während in op. 365—368 Motive der „Fledermaus“ verwendet wurden — machte den Komponisten an der Seine erst recht zum Manne des Tages und der Mode: sein Bild und sein Name prangte in den Schaufenstern und in den Journalen[145]); nach ihm getauft fanden Modeartikel verschiedenster Art beflügelten Absatz. Unter der lustig flatternden Strauss-Flagge reichten sich le grand monde und die Geschäftswelt vergnügt die Hände — nur Einer in Paris empfand keine Freude darüber und sah doch nur den eigenen Rath befolgt, Jacques Offenbach. Er fand sich seiner Alleinherrschaft beraubt und war nicht edel genug, dem Wiener Kollegen die genossene Gastfreundschaft zu erwidern. Der Maëstro liess sich nicht blicken. Ueber den dramatischen Esprit und die Satire des Parisers hatte am Platze selbst der Genius der natürlichen Straussschen Melodie gesiegt. Bezeichnend für Strauss' edlen Charakter ist, dass er wiederum stets nur mit Verehrung von Offenbach sprach und den graziösen Stil seiner Musik und deren sorgfältige Instrumentirung rühmte.[146])

Abermals trennt eine Konzert-Tournée den Meister von seiner nächsten Bühnenarbeit. Im Frühjahr 1876 finden wir ihn in Deutschland, insbesondere in Dresden, Leipzig („Konzerte im Schützengarten“), Baden-Baden (Theater), Hamburg und Berlin. Hier konzertirt Johann Strauss zuerst im Stadtpark, dann durch zwölf Abende bei Kroll und reisst die Spreeathener „bei sehr niedrigem Thermometerstande“ zu begeisterten Ovationen hin. Nach einem Bericht über das erste Berliner Auftreten erschien der Meister, die Zaubergeige in der Hand, jubelnd begrüsst an der Spitze der Berliner Symphoniker, die durch Kapellmeister Brenner für die sprudelnden Tanzweisen vorbereitet wurden. „Interessant war es, die Bilsesche Berliner Ausführung mit der unter Leitung des Tonsetzers zu vergleichen. Bilse modifizirt das Tempo ganz erheblich, sucht durch allerlei dynamische Gegensätze Abwechslung zu schaffen. Strauss hält sich mehr an das rechte Walzertempo und vermeidet auch den grellen Wechsel zwischen stark und schwach.“ Der Walzerkönig stattete überdies der kaiserlichen Huld seinen Dank ab, indem er zu Gunsten des Luisen-

Denkmals in der riesigen, von einem vornehmen Publikum bis aufs letzte Plätzchen besetzten Turnhalle (in der Prinzenstrasse) mit grossem materiellen Erfolge konzertirte.

Zur Komposition der nächsten Operette nun lockte man den heimgekehrten Meister, indem man ihm, dem Pariser Triumphator, französisch kam. Direktor Jauner des Karltheaters hatte bei den Pariser Bearbeitern von „Indigo", Victor Wilder und Delacour ein Libretto bestellt, das die materiellen Opfer Jauners und das Vertrauen in den berühmten französischen Esprit durchaus nicht lohnen sollte. Durch Mangel an Originalität und packender Situationskomik zeichnete sich, von Carl Treumann übersetzt, der armselige „Prinz Methusalem" aus; eine Figur aus nichts weniger denn blauem Geblüte, die unser Strauss dennoch in die königlichen Gewänder seiner Musik zu hüllen eilt. Mit welchem Ernst der Meister bei Allem und Jedem zu Werke ging, zeigt eine kleine Episode, die sich während der von ihm selbst geleiteten Proben zutrug: augenblicklich strich er im ersten Akte das später über den Walzer „O ihr glücklichen Alpenrosen" komponirte Duett, als ihn Kapellmeister Brandl auf eine Reminiszenz in der führenden Melodie aufmerksam gemacht, und brachte nächsten Tag schon das Duett in neuer Fassung mit.[147]) Bei der Première am 3. Januar 1877 war das Karltheater überfüllt — der Meister war dies eine Mal dem gewohnten Schauplatze seiner Bühnentriumphe, dem Theater a. d. Wien untreu geworden —; „aus den Logen nicken einander reizende Frauen lächelnde Grüsse zu. Im Parkett sind die Habitués der Premièren fast vollzählig versammelt. Auf den Gallerien herrscht lebhafte Bewegung, da wird der Kampf ums Sehen oder Nichtsehen unermüdlich gekämpft." Den Komponisten am rothdrapirten Dirigentenpult umbrauste wieder der Beifallssturm und Jubel, in den auch die anwesenden Erzherzöge mit einstimmten, sobald der erste Walzer erklang. „Man weiss," sagt Schelle bei dieser Gelegenheit, „was es bedeutet, wenn der sanguinische Wiener so recht fidel wird. Wie viel kann darauf los gesündigt werden, bis er aus seiner guten Laune wieder herausgebracht wird? Ist das Publikum einmal in der Beifallslaune, dann gefällt auch schon Alles. Vollends wenn es von Strauss ist; von Strauss, dem man ein Königthum zugesprochen hat. Ein sehr mächtiges Königthum. Das Szepter ist der Bogen; der Reichsapfel die Fiedel. Befohlen wird mit dem Walzer." Aus der umfangreichen Partitur[148]), der die Kritik abermals erhöhten Reichthum in der Mannigfaltigkeit der Ausdrucksmittel nachrühmen konnte, — den Meisten war nur auf einmal wieder zu wenig Tanzmusik darin! — treten neben der Ouverture die Duette zwischen Methusalem und Pulcinella im ersten und zweiten Akt hervor. Die Operette bürgerte sich auf vielen fremden Bühnen eine Zeit lang mehr ein, als nach der glanzvollen Darstellung in Wien selbst; längere Lebensdauer war den aus dem Werke selbst geschaffenen Einzelkompositionen op. 375—379 beschieden, von denen uns „O schöner Mai" (op. 375) bereits sympathisch bekannt ist.

Nach der dritten persönlich dirigirten Aufführung folgt Johann Strauss neuerdings einem Rufe nach Paris, um an der Leitung der Bälle in der Grossen Oper neben Olivier Métra theilzunehmen; ganz Paris strömt wieder zusammen, als der Gefeierte am 12. Januar 1877 mit einer Festvorstellung von „La reine Indigo" — noch immer ein Lieblingsstück der Pariser — im Renaissancetheater begrüsst wird. Aber diesmal, wo der Meister als chef d'orchestre zu triumphiren gekommen, giebt es noch einen argen Kampf mit dem Neide einiger Kapellmeister zu bestehen. Vor Allem intriguirte Métra, „der französische

Olivier Metra.
(Photographie von Angerer, Wien.)

Strauss“[149]), wie man ihn nannte, der Erbe des Ruhmes und der Begabung des alten Musard, den wir als Konkurrenten Strauss Vaters kennen gelernt. Die Gegner liessen alle Stückchen spielen, suchten selbst den Patriotismus hereinzuzerren und öffentlich — einige kleine Journale gaben sich dazu her — gegen den Wiener Meister Stimmung zu machen, das Opernballorchester gegen ihn aufzureizen. Für Strauss ergriffen die grossen Blätter wie das Publikum Partei; es gab einen hartnäckigen Kampf, der uns heute aus der Vogelperspektive gleich dem „Sturm im Wasserglas“ erscheinen mag, damals aber an Ort und Stelle heftig genug war, um den nichts weniger als streitbaren Meister fast aus Paris zu vertreiben. Die Freunde nur hielten ihn fest zu seinem und zum Vortheile des Unternehmens; der beispiellose Erfolg des Walzerkönigs rettete die Opernbälle vor dem drohenden Verfalle.[150]) Mit dem Opernsaale, dem schönsten, glänzendsten, den jemals ein Ball gehabt, war die ganze riesige Bühne bis zu dem durch eine Blumenhecke abgesperrten Foyer des artistes vereinigt. Das 150 Mann starke Orchester beugte sich schliesslich dem Zauberstabe des Meisters doch, — er und Métra dirigirten je acht Stücke ihrer Feder — ward selber durch die befeuernde Leitung immer mehr mitgerissen und das Publikum bot in jubelndem Applause glänzende Genugthuung. Mit einer Tausendfranknote, die der noble Meister dem Präsidenten des Vereines der Pariser Tonkünstler, die er nach verleumderischer Angabe der Gegner geringschätzig beurtheilt haben soll, übersendet, erbittet er die Aufnahme in den Verein, von dem er nun zum Ehrenmitglied ernannt wird. Zuletzt leitet Strauss noch ein

Pariser Carricatur.
(Original im Besitze des Musikhistorischen Museums des Herrn Fr. Nic. Manskopf in Frankfurt a/M.)

von der Regierung veranstaltetes grosses Wohlthätigkeitskonzert, das einen seltenen Reingewinn erzielt, und wird bei einem ihm zu Ehren in der Oper gegebenen glänzend besuchten Feste durch den Präsidenten der Republik, Marschall Mac Mahon, der mit Gemahlin, der hannoverschen Königsfamilie und den Orleans, an der Spitze der Vertreter von Kunst und Wissenschaft theilnimmt, mit dem Ritterkreuze der Ehrenlegion ausgezeichnet.

Es war ein unglückliches Jahr für Johann Strauss, als unerwartet mit Jetty Treffz ein guter Genius von seiner Seite wich; der Tod ihm plötzlich die geliebte Gattin entriss, die künstlerische Freundin nicht allein, auch die treue Beratherin und kluge Helferin im Alltagsleben, dessen kleinliche Sorgen sie dem in vielen materiellen Dingen unpraktischen Meister abgenommen. Am 10. April 1878 trugen sie Jetty Treffz, die drei Tage vorher einem Schlaganfall erlegen war, unter grosser Theilnahme, vor Allem der Wiener Künstlerwelt, zu Grabe. Was er verloren, empfand der plötzlich einsam und hilflos dastehende Mann tief genug, und um es ihn wissen zu lassen, bedurft es nicht erst jener unheilvollen neuen Ehe, zu der ihn wohlmeinender Freundesrath nach wenigen Monaten drängte.[151]) Der Schluss des Jahres führte dem Meister den Misserfolg des „Blindekuh“-Spiels vor Augen, das man mit ihm sich erlaubte. Nie hatte ein Libretto die unglaubliche Verschwendung seiner Künstlerkraft so überzeugend und warnend dargethan, als dieses von Rud. Kneisel, dem sonst gut beleumundeten Lustspielverfasser. Wie misslungen musst es sein, wenn diesmal selbst der Wunderstab eines Johann Strauss die Wirkung versagte, manch

Pariser Carricatur. (Strauss und Metra.)
(Original im Besitze des Musikhistorischen Museums des Herrn Fr. Nic. Manskopf in Frankfurt a/M.)

gute Partiturstelle (2. Finale) ganz umsonst geschrieben war. Strauss aber hatte Feingefühl und Selbstkritik genug, um sich nicht zu verhehlen, dass der äussere Erfolg der Première vom 18. Dezember 1878 im Theater a. d. Wien nur ein durch Freundesovationen maskirter Durchfall war[152]), die erste und zugleich letzte selbstverschuldete Niederlage, die er erlebte; denn er war auch der Mann, die Scharte wieder auszuwetzen.

Am 1. Oktober 1880 verschleierte das reizende „Spitzentuch der Königin“ selbst die Erinnerung an jenen Misserfolg. Der gewitzigte Komponist, diesmal vorsichtiger in der Wahl der Eltern des ihm untergeschobenen Geisteskindes, hatte sich an Heinr. Bohrmann gewendet, dem Genée in schon geschilderter Hilfsbereitschaft beistand. Das Werk, das abermals einen Fortschritt in der Meisterung grösserer Formen (1. und 2. Finale, die „Professoren- und Doktoren“-Szene des 2. Aktes) bekundete[153]), wurde nicht nur ein Zugstück der Wiener Saison, es führte dem Meister auch wieder alle ausländischen Bühnen als „Gunstwerber“ zu. Aus dem reichen melodischen Gehalte der Operette (vgl. die Einzelerscheinungen op. 388, 389, 391—394 und 407) kennen wir bereits die duftigen, immerfrischen „Rosen aus dem Süden“ (op. 388), einen der schönsten, reichgestaltesten und einschmeichelndsten Walzer, dessen grosse Coda nicht minder erwähnenswerth ist, als im Allegro agitato der Einleitung die Miniature eines Orgelpunktes über dem C-Ton.

Aus den Tagen sehr unglücklichen Ehelebens heraus schrieb Joh. Strauss — Ironie des Schicksals! — den „Lustigen Krieg“ (Zell und Genée verfassten den Text, der, eine Nachbildung von Lecocqus „Madame Angot“, wenigstens eine zusammenhängende Handlung aufweist), ein vornehm durchgeführtes Werk, das vom steten Aufstieg seines Könnens und Wollens deutlich spricht und von mancher Seite als Straussens Meisterwerk gepriesen wurde.[154]) Vor Allem stechen aus der Partitur das klangschöne Quintett („Kommen und Gehen“), ein kleines Kabinetstück im ersten, Else's Lied im zweiten Akt und dessen Finale als Gipfelpunkt hervor. Im Duette No. 5 des ersten Aktes (Umberto und Violetta) findet sich eine Stelle, die Wagnerenthusiasten preisen könnten, an der das Operettenpublikum aber achtlos vorübergeht:

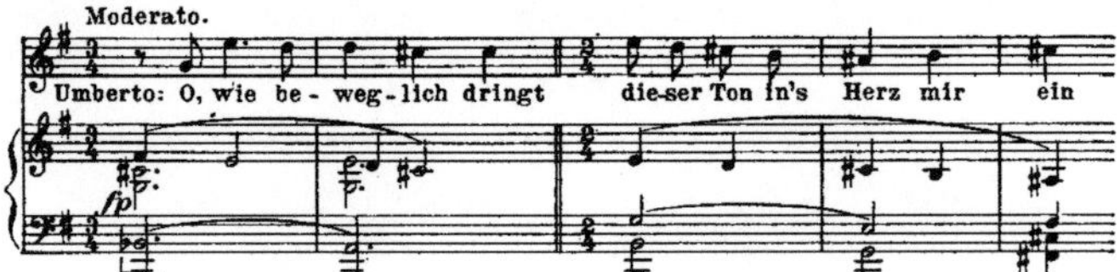

Welch zartes Empfinden, welcher Herzenston! Die feine, vornehme Instrumentation, jener „reife, süsse Orchesterklang, der so leicht scheint und doch so schwer anzutreffen ist“ (Hanslick), mit der meisterhaften Verwendung der gedämpften Saiteninstrumente, namentlich des Harfenklanges als fast unmerklicher, doch eigenartig reizvoll färbender Füllstimme (wie im gedachten Quintett, aus dem ich noch die Wirkung des übermässigen D-dur-Dreiklangs im vierten Takte als harmonisches Detail hervorheben möchte) verleihen dieser Operette ganz besonderen Werth. Der jubelnde Beifall, der den Meister am 25. November 1881 bei der Première dieses Werkes im Wiedener Theater belohnte, war so echt und wahr, als der Ausdruck einmüthiger Anerkennung seitens der gesammten Kritik; auch deren „vornehmste“ d. i. kühlste Vertreter hatte der „unwiderstehliche Rattenfänger“ diesmal verlockt, in der hochschwingenden Schaukel der Begeisterung Platz zu nehmen. Und selbst der entsetzliche Jammer des Ringtheaterbrandes (8. Dezember 1881) schwächte nicht die Anziehungskraft des Werkes, die es auch auswärts an zahllosen Bühnen (u. A. auch in Brocklyn, Chicago, Detroit, New-York, Petersburg, Philadelphia, Stockholm) ausüben sollte, während viele seiner Motive überdies durch die beliebten Konzertarrangements op. 397—405 und 407 populär wurden.[155])

Als selbständige Walzer fallen in diese Zeit die der Vermählung des Kronprinzenpaares Rudolph und Stephanie (April 1881) geltenden „Myrthenblüthen" (op. 395), unter Leitung des Komponisten und dem Jubel Tausender durch den Wiener Männergesangverein zuerst beim Prater-Volksfest interpretirt, und die prächtigen, Alfred Grünfeld[156]) gewidmeten „Frühlingsstimmen", op. 410 (Worte von Genée), ein faszinirendes Koloraturstück, zuerst von Bianca Bianchi gesungen, dann ein Lieblings- und Paradestück der ersten Konzert- und Bühnen-Sängerinnen (Sembrich u. A.), das als Operneinlage jedenfalls mehr musikalische Berechtigung hat, als etwa die zum Ueberdruss abgedroschenen Variationen Prochs.[157]) Um in Wien aber populär zu werden, bedurfte das Tonwerk erst der liebenswürdigen Vermittelung eines — Kunstpfeifers („Baron Jean", der bei den „Schrammeln" mitwirkte, diesem erst pfiffen dann „alle Andern" nach!), während seine Weisen ohne solche Beihülfe in Aufsehen erregender Weise in Italien vom Volke aufgegriffen wurden.[158])

Carricatur.

Der ausgesprochene Wunsch des Meisters nach einem altvenetianischen Sujet war den Herren Zell und Genée Befehl, und sie schufen als seltsame Parodie auf eine der nichts weniger denn zum Lachen bewegenden gerichtlichen und geschichtlichen Institutionen „Eine Nacht in Venedig." Der Text wohl, aber keinesfalls die veredelnde, zart und feinfühlig durchgeführte Musik dieses Werkes verdiente jenes schlimme Schicksal, das man der Première im Friedrich-Wilhelmstädtischen Theater zu Berlin (2. Oktober 1883) aus welchem Grunde der Verstimmung auch immer bereitete.[159]) Hut ab vor einem Komponisten, der Melodien aus dem Aermel schüttelt, wie die weitgebaute, schöngeschwungene des Gondelliedes

(im ersten Akt, später als Entreakt und als Melodram in der Einleitung des zweiten Aktes einen Ton höher im Stil eines Notturno bis in die Mittelstimmen reiz- und stimmungsvoll durchgeführt), zumal wenn seine Partitur Schönheiten enthält, wie hier das erste Finale, den Lagunenwalzer oder den Taubenchor (dritter Akt)[160]). Uebrigens wurde dem Meister die Genugthuung, dass seine Wiener wiederum das Werk bei der Aufführung im Wiedener Theater am 9. Oktober 1883 umso begeisterter aufnahmen, während sein Erwerb durch eine stattliche Reihe von Bühnen beweist, dass die Operette (namentlich in New-York und Chicago) zu seinen erfolgreichsten zählte.

Auf Eines müssen wir bei Johann Strauss allerdings hier (vergl. das oben herangezogene Beispiel aus dem „Lustigen Krieg") verzichten, d. i. eine durchwegs richtige Deklamation, ein Kardinalfehler des Gesangskomponisten — da wir von einem Dramatiker bei Strauss nicht gut reden können —, der den Kardinaltugenden des grossen absoluten Musikers fast immer entgegenstand und den wir zum Theil auf das Kerbholz der Librettisten schreiben müssen, zumal diese in den ersten Operetten ihre Verse oft bereits vorhandenen Walzermotiven zu unterlegen hatten. Es ist hier aber der Verdacht einer sogenannten „Zettelwirthschaft" des Komponisten entschieden zurückzuweisen. Der Meister pflegte nämlich die Einfälle, die ihm unabhängig von Zeit und Ort kamen, zu notiren, und man fand nach seinem Tode, wie ich mich persönlich überzeugte, hunderte solcher Zettel mit noch unverbrauchten, oft weitgesponnenen Motiven; was aber viel mehr die Thatsache beweist, dass Johann Strauss eben die Melodien ununterbrochen und reichlich zuströmten, als dass er bei seiner mühelosen Produktion es nöthig gehabt hätte, gegebenen Falls aus jenem „Anlagekapital" zu schöpfen — was, wie wir gerne zugeben, vermuthlich so mancher andere „Komponist" gern gethan haben würde, wenn er — eben nicht Strauss gewesen wäre. Dieser aber bedurfte solcher Hülfsmittel nicht; viele jener rasch hingeworfenen Einfälle verwarf er wieder oder dachte nimmer an sie, und seine ganze Art und Weise zu arbeiten — wir lernen sie später noch kennen — sprach gegen jene grundfalsche Annahme. Wohl kam es vor, dass er vorhandene Skizzen für diese oder jene Walzerpartie benützte, niemals aber etwa für Ensembles etc., woraus Manche auf „Mosaikarbeit" schliessen zu dürfen glaubten.[161]) Niemand war gewissenhafter, sorgsamer als er, der oft und oft in skrupulösester Weise eine Nummer drei-, viermal umkomponirte, eh' er sich mit einer Fassung zufrieden gab[162]), was an sich wiederum nur die ihm eigene Leichtigkeit im Erfinden und Verarbeiten der Themen erweist. Anderseits freilich dachte Johann Strauss fast immer zu sehr absolut musikalisch, um aus dem Texte, der ihm in der Hauptsache Nebensache blieb, Inspiration und Stimmung zu holen, aus dem Worte selbst heraus die Töne zu schaffen, wie wir vom dramatischen Komponisten es verlangen. Er war förmlich im Stande, irgend ein Tohuwabohu in das Gold seiner Töne zu fassen, wie er auch beispielsweise wiederum den ihm gleichgültigen Text seiner Gesänge beim Vorspielen ganz unverständlich vorzubringen pflegte. Diese in den ersten Bühnenwerken besonders zu Tage tretende Unabhängigkeit seines Schaffens vom Texte ging mit der verderblichen Gleichgültigkeit gegen letzteren Hand in Hand, und man wäre versucht zu glauben, dass hier einem Plus an musikalischem Genie ein Minus an literarischem Interesse gegenüberstand. Da jedoch mit Sicherheit anzunehmen ist, dass in solchem Falle der Einfluss Jetty

Carricatur.

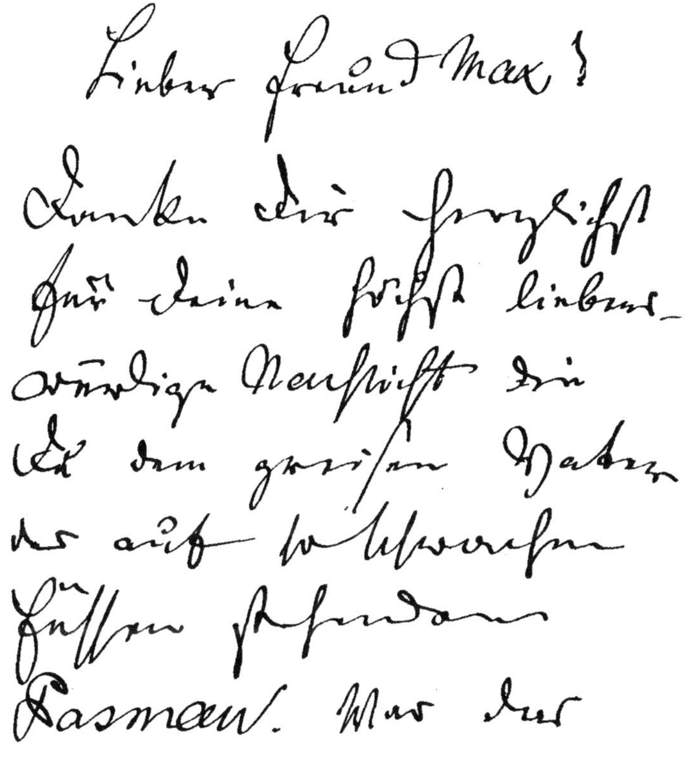

Lieber Freund Max!
Danke dir herzlichst
für deine höchst liebens-
würdige Nachschrift die
ich dem gewissen Vater
der auf Schlittschuhen
zu Füssen stehenden
Rasmann. Was der

Brief Johann Strauss' an Max Kalbeck.
(Original von Letzterem freundlichst zur Reproduktion überlassen!)

Beilage zu Procházka, Johann Strauss.

von Brahms ge-
wünschte Manuscript
betrifft — so habe ich
heute in meinen
Schreibpulten nicht
ein einziges Blatt
geschweige denn eine
Nummer finden
können. Ich bin überhaupt
nicht gewohnt Manuscripte
aufzubewahren.

Adele besitzt einen
Theil des Zigeunerbaron
und der Pasman original-
partitur und habe ich
den Schluß des 1ten Aktes
(Pasman) herausgerissen
indem ich Dich bitte
mich deiner lieben
Frau bestens zu empfehlen
verbleibe ich Dein
ergebener
Johann

An Brahms meine
herzlichsten Grüsse.

Treffz' ergänzend hätte hinzutreten müssen, überdies aber der Meister selbst bis in die letzten Lebensjahre über die Librettomisère bitter Klage führte, haben wir den Hauptgrund seiner, trotz dieser Erkenntniss immer wieder bedingungslosen Hingabe an nichts weniger denn congeniale Textdichter in äusseren zwingenden Gründen zu suchen. Strauss hatte sich eben einmal dem Operettenteufel, d. h. den dem Geschmacke des amüsementbedürftigen Publikums jener Zeit dienenden Theaterdirektoren verschrieben und war oft kontraktlich verpflichtet, ein Werk zu liefern, ohne erst lange nach jenem Librettisten fahnden zu dürfen, der es verstanden hätte, die ihm eigentlich fehlende dramatische Ader ersetzend, „die Stoffe gemäss seiner Individualität zu wählen und zuzurichten, so dass darin die Straussschen Tanzformen als stilbildendes Pinzip hätten gelten können."[163]) Dass der Meister gleichwohl sein Möglichstes that, um sich aus solcher Zwangslage zu befreien[164]), beweist der unermüdliche Ernst und Eifer, mit dem wir ihn den höheren Formen der Bühnenmusik, der Oper, zuweilen bis zum gänzlichen Verleugnen seiner Walzerherrlichkeit zustreben sehen. Auf dem Gipfel seines Ruhmes und doch nimmer mit sich selbst zufrieden, schafft er rastlos bis zur Vollendung — ein Bild und Vorbild des echten wahren Künstlers!

AUF DER HÖHE. (1884–1899.) — TOD UND UNSTERBLICHKEIT.

Einen „Ehrentag für Oesterreich“ hat Erzherzog Johann in seinem herzenswarmen Glückwunsch an den Meister die Feier des 15. Oktober 1884 genannt, da weniger der bescheidene Künstler selbst, als eine ganze Welt, an der Spitze die österreichische Kaiserstadt, den vierzigsten Jahrestag des ersten öffentlichen Auftretens unseres Johann Strauss festlich beging. Im Anstieg auf jene Höhe des Lebens, die je tiefere Athemzüge des Geistes bedingt, je edler der Mensch, war Johann Strauss immer weniger hold dem Lärm der Oeffentlichkeit geworden, mit der doch seine künstlerische Persönlichkeit im weitesten und besten Sinne verknüpft war. Die Bescheidenheit zudem hiess ihn fliehen vor dem Ansturme fast erdrückender Huldigungen, aber der Dank des Herzens befahl ihm auszuharren: es regneten nur so die Depeschen und Briefe, die Blumen und köstlichen Geschenke in das vornehme Haus der Igelgasse, dessen Thor Schaaren von Gratulanten, Deputation auf Deputation einliess, von den Vertretern der Stadt Wien, die Strauss mit dem Bürgerrecht auszeichnete[165]) bis zu jenen des Volkssängervereines und der Arbeiterwelt. Fast alle Theater, auch jenseits des Ozeans, lorbeergekrönte Häupter wie Rubinstein (an der Spitze der Petersburger Künstler), Bülow, Jokai, Verdi; der Marschall Mac Mahon und die Erzherzöge Wilhelm und Johann[166]) sie alle riefen dem „Wiener Anakreon“ ihre Glückwünsche zu, feierten den populären „König Johann Strauss“, wie ihn die „tanzende Jugend Wiens“ in einem Gedicht anrief. Auf eine Schilderung des bereits durch andere Feder eingehend beschriebenen Herganges dieser Straussfeier dürfen wir im beschränkten Raume hier um so eher verzichten, als sich die Zeichen der Anerkennung einer ganzen Welt dem Meister gegenüber in noch reicherem Maasse in den Feiertagen des bedeutungsvolleren fünfzigjährigen Künstlerjubiläums erneuerten, deren Bild in unserer Darstellung zum ersten Male festgehalten werden soll. Nur der wahren „Jubelvorstellung“ im Theater an der Wien sei hier gedacht, in der all die Huldigungen für den Meister gipfelten. Wochenlang vorher schon war das Haus ausverkauft. Johann Strauss, der die Ouverture zu „Indigo“ und den „Donauwalzer“, mit diesem fast bis zu Thränen rührend, dirigirte, wurde mit Beifall und Blumen überschüttet; die eigentliche Festaufführung bildete der erste Akt der „Nacht in Venedig“ und der zweite Akt der „Fledermaus“; im Ballsaal erschienen die markantesten Figuren aus den Straussschen Operetten und am Schlusse ein noch unbekannter Gast, der sich vorstellte: „Entschuldigen Sie, dass ich so spät komme, aber ich bin eben erst fertig geworden, ich bin der „Zigeunerbaron“. Die Ovationen pflanzten sich nach der Aufführung bis auf die Strasse fort, Strauss sah sich

Strauss' Wohnhaus.

(Mit Genehmigung der „Neuen Musikzeitung“.)

von einer nach Tausenden zählenden Menge umringt, und wie ein Festhymnus tönte, von dem grandiosen Massenchore der auf seine Walzermelodie „Freut Euch des Lebens“ gesungene Volksgesang „Das is 'n Weaner sei Schan“ [167]) dem Gefeierten entgegen, der nur Mühe hatte, seinen Pferden das „Vorspannrecht“ zu wahren.

Aber all' diese Huldigungen, der Jubel von Tausenden hätten im Herzen des Meisters nur um so grössere Leere zurücklassen müssen, wäre nicht wieder in sein Haus der langentbehrte Sonnenschein ehelichen Glückes eingezogen, unter dem sich reich und reicher all' die neuen Keime seiner Schöpferkraft entfalteten. Blos frei zu sein von den Banden einer jener in Schönheit schillernden Frauen, deren Leben nur eine Kette von Treulosigkeiten ist, genügte ihm nicht;

der Künstler bedurfte vielmehr eines Weibes, das den Reiz körperlicher Anmuth mit jenen Vorzügen von Klugheit, Geist und Seele vereinte, die er in Jetty Treffz gefunden und verloren hatte. Und dem Liebling der Grazien lächelte das Glück auch in solch' holder Weiblichkeit entgegen, die erquickende Jugend und Schönheit in eine geordnete Häuslichkeit ihm zauberte, dass diese ihn bis ans Ende seiner Tage wohlthuend umfing und er von ihr sich immer mehr einspinnen liess, um sein Denken und Fühlen immer mehr zu verinnerlichen, sein Schaffen auf immer höhere Ziele zu konzentriren. Die Frau, die des Meisters Verehrer in dieser letzten Lebens- und Schaffensperiode ihm zur Seite sehen und der sie dankbaren Sinnes gedenken müssen, war Adele Strauss, die junge Wittwe des nur namensverwandten, doch dem benachbarten Hirschenhause seit langen Jahren befreundeten Anton Strauss, dessen Vater Albert bereits der Mutter Meister Johanns in geschäftlichen Angelegenheiten fürsorglich zur Seite gestanden war. Adele, geborene Deutsch, hatte früher schon bewundernd zu dem berühmten Komponisten emporgesehen, der im Hause des Freundes öfter Gelegenheit hatte, sich an dem lebhaften Verständniss der jungen Frau für seine Künstlerschaft zu erfreuen. Als aber nach kurzer, glücklicher Ehe der Tod Anton Strauss' dessen blühende Gattin in jahrelange tiefe Trauer und Zurückgezogenheit versetzte, war sie dem Meister aus Aug' und Sinn verschwunden, bis er die bildschöne Frau eines Abends in einer Loge des Musikvereinssaales vom Dirigentenpult aus plötzlich wiedersah. Damals fanden sich die Herzen in jenem Blick, der oft ein Menschenpaar gleichwie mit unwiderstehlicher Schicksalsgewalt einander zuführt; dem Boden der Sympathie von einst entspross die Blume der Liebe. Unter den Auspicien des geistvollen, Strauss wohlgesinnten Herzogs Ernst II. von Koburg-Gotha, wo das seit 1883 siebenbürgisch getraute Paar einige Zeit lang gelebt, wurde der Bund nach legaler Lösung der zweiten Ehe[168]) in der Hof-Kapelle zu Koburg endgültig geschlossen. Berufen, das Lebensglück des Meisters zu vollenden, dessen Dank und Liebe sie oft auch im Wohllaut der Musik empfing, sehen wir im weiteren Verlaufe Frau Adele voll Verständniss für das künstlerische Wesen des geliebten Gatten als personifizirte Muse und Erfüllung seiner Wünsche mit Hingabe und wo nöthig auch mit kluger Diplomatie ihres weiblichen Amtes walten, wie ein Dichterwort sagt: „auch eine Fee voll Güte — verschönt ihm Herz und Haus — dass sie ihm treulich hüte — macht all' ihr Leben aus.“ [169])

Adele Strauss.

Kaum besser, bezeichnender konnte ein Werk die Herrschaft der neuen Muse des Hauses inauguriren, als „Der Zigeunerbaron“, mit dem Johann Strauss zum ersten Male sein Schaffen energisch aus den Niederungen der Operette hob; das sein höher zielendes Wollen und Können unleugbar, wenn auch von Vielen absichtlich unverstanden, dargethan hat. Nach der Novelle „Saffi“ Moritz Jokais, zu dem der Meister gelegentlich einer selbstgeleiteten Aufführung des „Lustigen Krieg“ in Budapest auf Bitten Frau Adelens in nähere Beziehung getreten, hatte Ignaz Schnitzer ein Libretto verfasst, dem man mehr als die bekannte „vernünftige Handlung“ unter Ausschluss des mehr oder minder unverschämten Operettenteufels nachrühmen darf. Brachte doch der Librettist charakteristische Menschen auf volksthümlichem Boden, die sich, wenn auch nicht in spannenden, doch in Situationen bewegen, mit denen Regie und Musik höhere Aufgaben zu lösen vermochten. Strauss dachte ursprünglich mit dem Werke den ersehnten Einzug in die Hofoper zu halten und hielt absichtlich seine Musik mehr im Charakter der komischen Oper, wie die Glanznummern der Partitur, das erste Finale und das Terzett des zweiten Aktes (Barinkay, Saffi und Czipra) verrathen; umsomehr bleibt zu bedauern, dass es dem Meister versagt war, diese Arbeit durchaus nach seinem Wunsche auszuführen; er ahnte nicht, dass die Textdichter das Aufführungsrecht dem Theater a. d. Wien unabänderlich zugesichert hatten, so dass er sich später gegen seinen Willen zu manchen Konzessionen an den Operettengeschmack verstehen musste[170]. Dass er dieses sein Werk von vornherein auf einen ganz andern Grundton einstimmte, zeigen schon die ersten Oboë-Solo-Takte des Vorspieles; wie fesselt die interessante, ernste Tonphysiognomie hier oder in der prächtigen Harmoniefolge

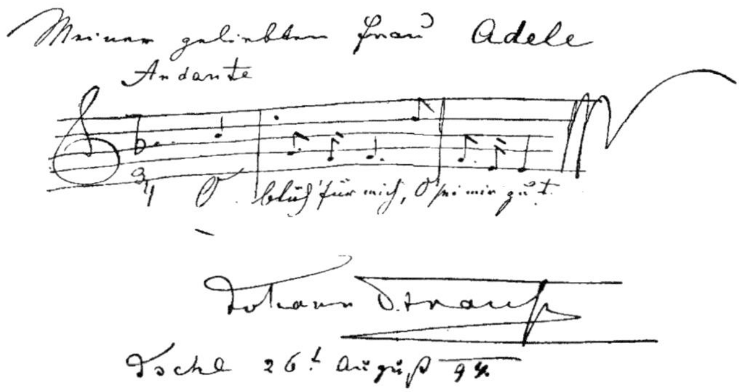

wie denn der „Zigeunerbaron“ überhaupt reich an fein harmonisirten Stellen ist, von denen nur eine hervorgehoben sei: Barinkays Worte aus dem zweiten Finale.

Strauss war nicht allein wie immer mit Leib und Seele bei der Sache; wenn das Werk, so sehr auch Jokai selber drängte, nicht wie angekündigt bereits nach den Jubiläumstagen, sondern erst ein Jahr später das Rampenlicht erblickte, so kam es daher, dass der Meister die grösste Sorgfalt daran wendete, sich mehr Zeit als gewöhnlich zur Ausführung gönnte. Nur den dritten Akt schrieb er in drei Tagen zu Ostende, wo er den Sommer 1884 über weilte, um — sich zu erholen; sein Arbeitseifer duldete keine Rast und kein Verbot. Als er sich z. B. wegen starker Nervosität im Sommer 1885 der Kur in Franzensbad unterziehen musste, hatte seine Umgebung streng darüber zu wachen, dass er nicht komponire. Nach Wien zurückgekehrt, vertraute Strauss mit Schadenfreude seinem Librettisten Schnitzer an, wie er den Doktor gefoppt habe: „Ich sollte gar nichts arbeiten und nur fleissig spazieren gehen. Da hab' ich mir immer, ohne dass es Jemand merkte, aus dem Textbuch eine Strophe auswendig gelernt und — spazieren bin ich gegangen, aber komponirt hab' ich justament!" Da ihm fürsorglich alles Notenpapier entzogen war, schrieb er auf die Manschetten. Sobald er eben eine grössere Arbeit vor sich hatte, beherrschte ihn nur der Gedanke an sie und ihre Vollendung — ja das Schaffen war sein Lebensbedürfniss, von dem ihn weder Gesundheits- oder Stimmungsrücksichten, noch andere Umstände zurückhalten konnten. Wie wenig andererseits Johann Strauss trotz sorgfältigster Arbeit — die zahlreichen Korrekturen fast in allen seinen Manuskripten lassen deutlich das stete Feilen am Werk erkennen — seine Noten, wenn sie einmal da waren, auf die Goldwaage legte, zeigte sich auch bei einer der Proben des „Zigeunerbaron", als das Sittenkommissionslied nicht gleich ansprechen wollte; im Gegensatze zu den meisten Komponisten, denen der Röthel mit Gewalt oft in die Hand gedrückt werden muss, schickt er sich zu streichen an und nur Schnitzer protestirt energisch und rettet, wie sich herausstellt, einen „Schlager".

Nach der Generalprobe war die allgemeine Stimmung gegen das Werk. „Es werde ein kompleter Durchfall" sagten sogar einige Kritiker.[171]) Und der Stich ins Opernhafte, wenn wir es so nennen wollen, erneuerte das Spiel des Vorurtheils, das wir beim ersten Bühnenschritte des Meisters kennzeichneten, trotzdem sich die mit besonderer Spannung erwartete Première am 24. Oktober 1885 zu einem alle früheren Erfolge überstrahlenden Triumphe gestaltete. Nicht dass die Kritik den auffallenden Fortschritt in der „Bewältigung grösserer Formen", in der „charakteristischen Behandlung des Dramatischen", die hervorragenden und doch nirgends die bestrickende individuelle Natürlichkeit des Komponisten verleugnenden Gedanken, das schöne instrumentale Gewand wie die sorgfältige Arbeit überhaupt zu wenig hervorgehoben hätte; aber gerade in den Hymnus über den „Operettenkomponisten", der Strauss nun einmal in ihren Augen war, wie vordem nur der „Walzerfürst", mischte sich abermals der Tadel, dass er die Grenzen seines doch bereits erweiterten Gebietes wieder überschreite; sich mit dem zweiten Finale „in die gefährliche Nähe der grossen Oper verirre" (Hanslick); indessen doch Stücke, wie das erste Finale, das der Komponist, um dem Librettisten seine Wünsche verständlich zu machen, zuerst musikalisch aufbaute, ein Arioso wie das (Duett) „Wer uns getraut", „das in keiner lyrischen Oper als fremdes Element abstechen würde, — wie Doczi bemerkt —, die Zweifler hätte belehren müssen, dass der Walzerkönig Provinzen habe, die er, wenn auch im Wege der blossen Personalunion, ebenso souverän beherrschen könne, wie den Tanzboden." In den früheren Operetten schrieb der Meister den Unzufriedenen zu viel Tanzmusik; nun er sich in rühmenswerther Weise anschickte, die Operette zu dem zu gestalten, was sie im guten Grunde nur ist und sein soll, eine Gattung der komischen Oper, rief man wieder nach Walzern. Nur Einer aus der Kritikerschaar, Max Kalbeck, schöpfte aus der freudig anerkannten Stilvertiefung im „Zigeunerbaron" die frohe Hoffnung, „die graziöse

Muse des genialen Komponisten bald einmal dort zu begrüssen, wo wir sie längst zu treffen gewünscht haben: in der Oper".[172]) Aus den instrumentalen Charakterzügen des Werkes sei hier noch eine Stelle aus dem Anfang des ersten Finales hervorgehoben (Arsena und Ottokar auf dem Balkon, unten Barinkay, Saffi, Czipra: „O holde Nacht"), die einen besonders schönen Orchestereffekt aufweist, den der Meister ähnlich öfters bei zarten, lyrischen Stellen benützte und der eine zauberhafte Wirkung übt: die Violinen, con sordini in die hohe und höchste Lage geführt, begleiten und umspielen die Melodie theils in der höheren Oktave, theils in harmonischen Intervallen oder mit kleinen Imitationen. — „Der Zigeunerbaron"[173]) schritt unbekümmert um die Zweifel an seinem angeborenen Adel über fast alle grossen und kleinen Bühnen bis nach Amerika und Australien hinein und erwarb sich in neuester Zeit auch gleich der „Fledermaus" die offizielle Hofopernfähigkeit.

Im April 1886 folgte Johann Strauss, von seiner Frau begleitet, einem Lockrufe der Petersburger Damen der Gesellschaft vom „Rothen Kreuz", um in der kaiserlichen Manêge an der Newa zehn nicht allein durch die Anwesenheit des Hofes ausgezeichnete Konzerte zu geben. Der Meister und seine Gemahlin — auch auf sie fiel ein Abglanz der Popularität des unvergessenen Lieblings von Vauxhall — wurden riesig gefeiert. Kein gekröntes Haupt konnte stolzer, jubelnder empfangen werden, als „König Strauss", dessen Ankunft eine ungeheure Menschenmenge auf dem Bahnhofe und den hinzuführenden Strassen erwartete. Als der Eisenbahnzug mit dem Wiener Meister einfuhr, ward er mit minutenlangen, brausenden Hochrufen empfangen, die sich bis auf die Strasse fortpflanzten. Deputationen des Konservatoriums, der Theater, des Vereins vom Rothen Kreuz, der Petersburger Künstlerwelt erschienen, hielten Ansprachen und es währte lange, bis Strauss zum Wagen gelangen konnte.[174]) Kaum dass der Meister in Petersburg den Fuss auf die Gasse setzen konnte, ohne dem Sturm der Huldigungen, der ihn begreiflicher Weise im Konzertsaal und im Theater, wo er den „Zigeunerbaron" dirigirte, umtoste, auch hier ausgesetzt, von den Verehrern förmlich verfolgt zu sein. Der schlaue Impresario Mauries, der den Meister zu dieser Fahrt nach Russland überhaupt zu überreden verstanden hatte, rang ihm durch ein Extrageschenk — zwei russische Vollblutrappen, die dann in Wien durch mehrere Jahre Aufsehen erregten — noch ein zweimaliges Auftreten in Moskau ab. Bei dem hierauf zu wohlthätigem Zwecke in Pawlowsk veranstalteten Abschiedskonzert war Polizei nöthig, um den Meister vor den Gefahren eines fast wahnsinnigen — vor Allem weiblichen — Enthusiasmus zu schützen. Vor dieser russischen Reise hatte sich Strauss in Hamburg und Berlin, wo er den „Zigeunerbaron" und den „Lustigen Krieg" dirigirte, huldigen lassen.

Mancherlei Gründe spornten Johann Strauss nach dem Erfolge des „Zigeunerbaron" an, fester auf dem Boden der Oper Fuss zu fassen. Vor Allem war es das ewige, heilige Feuer des künstlerischen Ehrgeizes, das in seinem Herzen brannte, angefacht noch durch die junge Gattin, der Strauss in dieser ersten Zeit des Glückes die schmeichelnden, in ihrem Anfangsmotiv

ein wenig an Strauss Vater erinnernden Klänge des Adelenwalzers (op. 424) weihte; dann auch der Gedanke an die mangelhafte Besetzung der Werke im Operettentheater, worunter oft die feingestalteten Gesangsnummern litten. Grimmelshausens „Simplicius" war der Gegenstand des nächsten, vom jungen Librettisten Viktor Léon verfassten Textbuches;[175]) der Komponist war in den Stoff ganz verliebt. „Ich bin nicht mehr der gutmüthige, nachsichtige Jean in puncto Wahl der mir vorgelegten Bücher — schreibt er an Freund Lewy —. Ich fühle jetzt die Langweile meistens früher schon beim Lesen, und verlange Abhilfe, bevor ich ans Komponiren gehe. Dies bin ich mir und dem Publikum schuldig . . . Die Operette wird im Ganzen in musikalischer Beziehung viel heiterer als der „Zigeunerbaron" von mir behandelt werden. Habe ich in diesem dem ungarischen Rhythmus Rechnung tragen müssen, soll diesmal wieder etwas Wienerisches in meiner Arbeit auftauchen, zumal ich im Vorspiel und in mancher Situation Gelegenheit fand, einen ernsteren Ton anzuschlagen." Leider rechtfertigte das Textbuch nicht die dareingesetzten Erwartungen, es liess vor Allem jene „heitere Seite" vermissen und trotz aller Anmuth der wunderschön orchestrirten Musik, aus der die beiden Finales hervorzuheben sind, erzielte das Werk, an dessen Vollendung sich Johann Strauss (zuletzt in Franzensbad) rückhaltslos hingegeben, — er schlug um der Arbeit willen selbst die ehrende Einladung zu einem grossen Strauss-Cyklus im Friedrich-Wilhelmstädtischen Theater in Berlin aus — nur einen Achtungserfolg, den auch spätere Umarbeitungen des Librettos (durch Doczi) nicht zu ändern vermochten. Die Première am 17. Dezember 1887 litt überdies unter einem aufregenden Zwischenfall. An sie „knüpft sich der bedeutendste Eindruck, den ich persönlich von Johann Strauss erhielt. Während der Aufführung brach ein wüster Feuerlärm aus. Die Insassen der Logen erhoben sich von den Plätzen, im Parkett begann ein furchtbares Gedränge, von den Gallerien hörte man gellende Angstrufe und auf der Bühne liefen die Darsteller im wirren Durcheinander auf und ab. Nur das Orchester blieb in Ordnung. Man hätte glauben sollen, dass Johann Strauss, der als nervös bekannt ist und seine Frau im Hause wusste, als einer der Ersten aufspringen werde, um sich und die Seinen zu retten. Aber er blieb auf dem Posten. Ohne mit einer Wimper zu zucken, den Taktstock in der erhobenen Rechten, stand er aufrecht, bis der Sturm ausgetobt hatte. Das dauerte Minuten. Bei der ersten Pause, die in dem allgemeinen Lärm entstand, liess Johann Strauss die Musik wieder einfallen und von der Bühne her erklang das Walzerlied: „So denk' ich auch so gern der schönen Zeit, die fern . . . ." Das Publikum beruhigte sich.

Und so wird Johann Strauss in meinen Erinnerungen fortleben: eine wilderregte Menge durch der Töne Macht besiegend, und von gemeiner Todesfurcht zurückzwingend zum Geniessen heiterer Kunst" . . .[176])

Nach Hause gekommen fand damals der Meister als zerstreuende Ueberraschung die reizende, lebenswarme, Seite 51 dieses Buches abgebildete Statuette von der Hand des ihm eng befreundeten Bildhauers Viktor Tilgner vor[177]) mit dem doppelsinnigen Refrain „Das is 'n Weaner sei Schan" auf dem Sockel, eine Erinnerung an die eingangs dieses Kapitels geschilderte spontane Huldigung, die Tilgner zu seiner Schöpfung inspirirte.

Wohl dem Künstler, der seine begreifliche Verstimmung über ein fehlgeschlagenes Werk so zu bannen weiss, wie Johann Strauss, der in jenen Tagen eine Reihe der hervorragendsten Walzerkompositionen schuf, die, wenn sie auch keine Räthsel bergen wie die letzten Quartette eines Beethoven, in ihrer tiefen, ernsten Konzeption doch ein Geheimniss enthalten, das der echten, wahren Kunst, dessen Siegel nur ein Auserwählter zu lösen vermag, wie Johann Strauss. Zu diesen letzten Tänzen, die weniger die Begeisterung der Menge, doch immer mehr die Bewunderung der Musikkenner fanden, zählen die „Rathhausballtänze“ (op. 438), der die Vereinigung der Stadt Wien mit den Vororten 1891 feiernde Walzer „Gross-Wien“ (op. 440, in der Rotunde bei einem Militärmonstrekonzert, an der Spitze eines 500 Mann starken Orchesters dirigirt) und vor Allem der unvergleichlich vornehm instrumentirte „Kaiserwalzer“ (op. 437) mit seiner köstlichen, auf breit angelegtem Marschmotiv aufgebauten Introduktion. Ich verweise namentlich auf die erste Melodie des zweiten Theiles, deren edel gezeichnete Linie Flöten- und Klarinettenpassagen allerliebst ausschmücken; dann auf die zweite Melodie des dritten Theils, zuletzt von den tiefen Instrumenten einschliesslich Kontrabass und Posaunen gebracht, indessen die höheren theils zur Begleitung, theils zu denkbar reizendstem Schmucke verwendet werden. Diese Tänze, die den französischen Musikkritiker William Ritter zu einer ausführlichen Schrift „Les dernières oeuvres de Johann Strauss“ begeisterten, worin er, ein Wagnerianer, Beethoven, Wagner, Bruckner und Strauss die Palme reicht, erinnern an das um 1889 verbreitet gewesene Gerücht von der Absicht des Meisters, eine Reform des Walzers durchzuführen; thatsächlich plante Johann Strauss eine solche durch neuerliches Erweitern der Form und Vertiefen des Gehalts; womit es wohl auch zusammenhing, dass der Componist (im Gegensatze zu seinem Vater, vergl. oben) stets ein langsameres Tempo beim Vortrage liebte.[178])

Tilgner.
(Photographie von Angerer, Wien.)

Im Oktober 1889 wurde Johann Strauss gelegentlich der Eröffnung des „Königsbau“ in Berlin, als er an fünf Abenden dort mehrere seiner Werke dirigirte, besonders an seinem Geburtstage (die Meydersche Kapelle brachte ihm ein Ständchen) sehr gefeiert; und im Wiener Prater wurde ein Wohlthätigkeitskonzert sämmtlicher zu einem Orchester vereinigten Militärkapellen am Platze zur fünfundzwanzigjährigen Jubelfeier des Donauwalzers und zu einer den dirigirenden Komponisten rührenden Huldigung einer 15000-köpfigen Menge.

Im Jahre 1889 besorgte der Meister auch die Redaktion der bei Breitkopf und Härtel in sieben Bänden mit einer uns zum Theile bereits bekannten Vorrede erschienenen Gesammtausgabe der Werke seines Vaters.[179])

Immer mehr hatten unterdessen die obengeschilderten Einflüsse auf den Meister wieder die Ueberhand gewonnen, um das Kalbecksche Wort zur That werden zu lassen: Am 1. Januar 1892 endlich erscheint Johann Strauss als Opernkomponist in der Rüstung des „Ritter Pázmán“ auf der Bühne des Wiener Hofopernttheaters. Es war das Schmerzenskind seiner Muse. Nicht nur, weil auch Doczis poetischer Text (nach einer ungarischen Ballade Aranys,) trotz einer Fülle entzückender Stellen im Ganzen doch ungeeignet, ja hindernd für die volle Glanzentfaltung der eigenartigen Schöpferkraft Strauss' war; vielmehr weil dieses musikalische Meisterwerk, das mit der „Fledermaus" und dem „Zigeunerbaron" einen der Höhepunkte im Bühnenschaffen des Komponisten bildet, nicht einmal bedingte Anerkennung bei Publikum und Kritik fand; weil man ihn überhaupt „nicht erkennen" wollte, als er mit diesem Werke seine allerdings ungewohnt steife Visitenkarte als ernster Musiker abgab. Wohl mochten die Verehrer des „Walzerkönigs" eigenthümlich dreinschauen, wenn er ihnen hier mit Stellen kam wie

wenn er gleich mit dem in die Szene übergehenden Vorspiele die Alluren des modernen Opernkomponisten annahm, oder gar in seiner Partitur — das einzige Mal — ein wenig „wagnerte". Begreiflich, dass ihnen nur bei der „echt Straussschen" Balletmusik des dritten Aktes das Herz aufging, von welchem „Kronjuwel" des Werkes ein Kritiker behauptete, es wäre „für sich allein im Stande, jede Oper bleibend zu einem Zugstück zu machen." Als thatsächlich einmal später Direktor Jahn der Wiener Hofoper an Strauss mit dem Ansinnen herantrat, die Aufführung dieses „Zugstückes" als Einlage — in Mascagnis „Rantzau"! — zu gestatten, hatte Strauss nur Recht, indem er ablehnte und meinte: „Wenn mein Ballet gut genug ist, eine andere Oper zu „halten", dann ist es ja auch gut genug, bei meiner Oper diesen Dienst zu thun!"[180])

Hofrath Doczi.

(Photogr. v. R. Krziwanek, Wien.)

Ich könnte auch heute nur wiederholen, was ich vor Jahren gelegentlich der Prager Aufführung von dieser über die moderne (damals „veristische") Geschmacksrichtung sich erhebenden Oper schrieb,[181]) dass sie mir „als ein glücklicher Schritt zur Wiedereroberung des verwaisten Gebietes des deutschen Singspiels erscheine. Eine seltene Keuschheit der Erfindung und Empfindung zeichnet diese an melodischen und rhythmischen Schönheiten reiche Musik aus. In Uebereinstimmung mit der feinsinnigen, den schmetternden Tiraden der neuzeitlichen Richtung abholden Konzeption des Werkes steht seine Instrumentirung, ein wahres Meisterwerk an Wohlklang und frischer Empfindung." Im schroffen Gegensatze zu dieser Meinung standen fast alle Kritiker aus Wien, Prag, München und Berlin, die bei dieser Gelegenheit glaubten, die Skala vernichtender Urtheilssprüche von der kühlen Ablehnung bis zum Hohne durchlaufen zu können. Und dies bei einem ernsten Werke, das eine edle Tonführung besitzt, wie beispielsweise an den Stellen[182]) „fort von Neapels goldner Zone", am Schluss des Ensembles im zweiten Akte („Wie wandelt sich so oft der Liebe Lust"), im Chor des dritten Aktes („Wir singen unserer Königin"); bei einem Werke, das ausser jener der Kritik allein zu Gesicht gestandenen Balletmusik noch ganze Partien von hervorragender Schönheit enthält, wie die Fortsetzung des Ballets bis einschliesslich des Gebetes Evas, oder die Duette zwischen König und Eva im ersten und zweiten Akt. Ich erwähne noch die reizvoll harmonisirte Stelle aus dem Duette des ersten Aktes:

dann das energische Allegro

Nicht anders als mit Bewunderung aber konnte auch die sonst „vernichtende" Kritik an die Instrumentationskunst in diesem oft entzückend klangschönen Werke[183]) herantreten, auf das vereinigt sei, was Paul Marsop von den Partituren unseres Meisters überhaupt mit vollstem Rechte und beachtenswerther Eindrücklichkeit sagt, versichernd, es könnten von seiner Orchestrirung die Besten noch lernen. „Himmelsstürmer, welche mit verblüffender Geschwindigkeit Musikdramen und symphonische Dichtungen aus den Aermeln schütteln, thäten nicht übel daran, gelegentlich eine Partitur von Strauss mit gespannter Aufmerksamkeit durchzulesen, anstatt vom ersten Hahnenschrei bis zur nächsten Mitternacht Berliozsche und Lisztsche Folianten zu wälzen."[184])

Nach neun Aufführungen verschwand „Ritter Pázmán", zum Theil in Folge persönlicher Differenzen zwischen Doczi und Direktor Jahn, vom Repertoire des Wiener Opernhauses; hiess es doch nun wieder: „Ja, es giebt herrliche Sachen darin, aber — „der Zigeunerbaron" war doch etwas Anderes!"[185]) Auch die genannten auswärtigen Bühnen, unter denen sich das deutsche Landestheater in Prag unter Angelo Neumann durch eine besonders gelungene, dem anwesenden Komponisten Ovationen bereitende Aufführung des Werkes auszeichnete — Strauss wollte sich damals, 1892, in Prag ankaufen, er schwärmte manchmal, allerdings nicht in ernst zu nehmender Weise, für das Wohnen in einer ruhigeren, kleineren Stadt! — gewannen kein „Zugstück" mit „Ritter Pázmán", der, wie Richard von Perger einmal schrieb, „überhaupt zu gut war für die Opernfreunde der Gegenwart". Strauss selber trug das Geschick mit Ergebung, Einsicht und jener übergrossen Bescheidenheit, die eines der sympathischsten Merkmale seines edlen Wesens war. „Auch der kleinste Erfolg einer Oper von mir — schreibt er in jenen Tagen einem Freunde — steht in meinen Augen höher als vieles Andere. Das Vorurtheil ist ein zu grosses, unendlich schwer zu besiegen. Doch freue ich mich, dass man mir in der Oper keine Trivialitäten zum Vorwurfe gemacht hat. So hochpoetisch auch der Text sein mag, kann der Erfolg der Oper doch nie ein grosser genannt werden, zumal das Libretto keine allzu grosse dramatische Wirkung zulässt."[186])

„Stets bewundert und immer verkannt“ — nie empfand es Strauss deutlicher als jetzt. „Die Bewunderung eines Volkes will den Seltenen immer so haben, wie sie ihn zuerst aufgegriffen .... Jeder war bereit, ihn bis zum Himmel zu heben, nur wachsen sollte er nicht“, sagt Doczi, der uns noch ein bezeichnendes Wort des Meisters aus jenen Tagen erzählt: „Ich sass neben ihm, als er seinen „Pázmán“ zum ersten Mal spielen hörte. Es war keine Generalprobe, kein Kostüm glänzte, das Haus war leer und finster, aber die Sänger legten sich drein und das Orchester rauschte voll. Strauss sprach kein Wort; aber da wir fortgingen, sagte er zu mir: „Ich hab es gehört, wie ich mir's vorgestellt habe; das Publikum kann damit machen, was es will. Aber ich habe Alles, was ich mir von dieser Arbeit gewünscht habe.“ Das stimmt mit der allgemeinen Charakteristik überein, die der Poet von Strauss' künstlerischer Gesinnung giebt, indem er weiter sagt: „Ein Titel imponirt ihm, — so hatte Strauss vor dem „K. K.“ Operndirektor tiefen Respekt — in der Kunst aber imponirt ihm nichts Aeusserliches. Kein Applaus, keine Tantième wiegt ihm die Stunde auf, in der er bei der Probe, fern dem Publikum, sein Werk zum ersten Male auf sich wirken lässt. Missfällt es ihm, so tröstet ihn keine Ovation; hat es ihm einmal Befriedigung gewährt, so lächelt er in sich hinein und lässt sich durch keinen Misserfolg etwas anfechten.“

Der Komponist sollte nun einmal jenen kongenialen Textdichter nimmer finden, der es verstanden hätte, ihm die Grundlage zu einer Lustspieloper zu schaffen, ebenso weit entfernt von dem landläufigen Operettenunsinn, als dem tragischen Pathos. Den echten Lustspielton, wie ihn gerade Johann Strauss musikalisch so entzückend anzuschlagen verstand, ihn wusste in der textlichen Grundlage keine jener Operetten zu treffen, die nach „Pázmán“ ihre Première wieder im Theater a. d. Wien erlebten: „Fürstin Ninetta“ (10. Februar 1893), „Jabuka“ (12. Oktober 1894), „Waldmeister“ (4. Dezember 1895) und endlich „Die Göttin der Vernunft“ (13. März 1897). In „Fürstin Ninetta“, die Strauss immer nur von Strophe zu Strophe, wie sie die Librettisten Julius Braun und H. Wittmann ihm gerade brachten, komponiren musste, ohne das ganze Szenarium zu kennen, theilt der Meister noch einmal die frohen Gaben seiner walzerköniglichen Laune mit vollen Händen aus. Die Operettenform bildet hier, wie so oft nur einen nach Geschmack und Bedarf des Tages locker zusammengefügten Rahmen für ein Mosaik reizender Miniaturen des Meisters. Der Rahmen zerfällt, die kleinen Meisterbilder aber behaupten, gleich Edelsteinen à jour gefasst, ihren Glanz und Werth; so finden wir manche der Walzer aus dieser oder jener von den Brettern verschwundenen Straussschen Operette nicht nur als dauernden Schmuck im Programm unserer Vergnügungskonzerte; sie werden stets „als Offenbarungen einer zugleich volksthümlichen und hinreissend feurigen Melodik, als Musterbeispiele graziöser, musikalischer Kleinkunst noch in voller Jugendfrische leben.“ (Marsop.) Aus den reizenden Einzelheiten der „Ninetta“-Partitur, möge sich diese auch nicht im Entferntesten mit jener der „Fledermaus“, des „Lustigen Krieges“, „Pázmáns“ oder anderer Meisterwerke messen lassen, seien als demgemäss relativ hervorragend hier das Entré Kassim Paschas im ersten Akte und die „Pizzicatopolka“ genannt. Der Wiener Erstaufführung wohnte auch der Kaiser bei, der den Komponisten am Schlusse der an Ovationen reichen

Vorstellung in schmeichelhafter Weise auszeichnete. In Wien hatte die Operette grossen, in fünfundsiebzig Aufführungen nachhaltenden Erfolg. Auswärts versagte der nur durch lokale Anspielungen gewürzte Text seine Wirkung. Unter den wenigen Bühnen, die sich des Werkes trotzdem warm annahmen, ragte wieder die deutsche in Prag hervor, wo Angelo Neumann, der thateifrige Schätzer des Meisters, dieser Première im Juni 1893 einen Strausscyklus anschloss. Der

Szene aus Jabuka.

bescheidene Komponist selbst entgegnete tröstenden Freunden, die den geringen Erfolg des jüngsten Werkes dem Kunstunverstande der Hörer zuschreiben wolten: „Ich bitt Euch, das Publikum hat Recht, 's ist ein Schmarrn!“

„Jabuka“, die Jubiläumsoperette des Meisters, die als rauschende Ouverture zur untengeschilderten Feier in Szene ging (Text von Kalbeck und Davis), war im Libretto nicht minder als in der farbenfrischen, blühenden Musik „zu ernst“, namentlich letztere stellenweise zu sehr im Rahmen der feinen Spieloper gehalten, um den gewissen „durchschlagenden“ Erfolg zu erringen. Die Perlen der Partitur sind das Duett zwischen Mirko und Jelka im ersten Akt, und, von reizvollster Klangwirkung, das Quartett der Liebespaare unterm Apfelbaum[187]) mit dem korrespondirenden Vorspiel des dritten Aktes. Die Walzerform, im Uebrigen nur bescheiden zurücktretend, gelangt besonders anmuthig in einer abwechselnd von Jelka und Mirko gesungenen Melodie zur Geltung. Neben dem „Zigeunerbaron“ wäre unbedingt „Jabuka“ der Opernbühne zu gewinnen.

Während der Arbeit an „Jabuka“ schrieb der Meister einmal an Kalbeck in charakteristischer Weise: „Der Komponist müsste eigentlich mit dem Librettisten in einem Bette schlafen, um selbst in der Nacht ihn zur Seite zu haben; aber so entfernt — was soll er, seiner bedürftig, anfangen? . . Du kennst noch nicht die Misère, in diesem Genre (der Operette) zu arbeiten. Es ist eine wahrhaftige Quälerei für den Librettisten, ebenso auch für den Komponisten, bis ein solches Dingerl endlich auf die Bühne gebracht werden kann. Um allen Faktoren einer Operette Rechnung zu tragen, müssen die Autoren im Angesicht ihres Schweisses Tag und Nacht arbeiten, um ein erfolgreiches Resultat zu erzielen.“[188])

Einen leichteren Ton schlug Joh. Strauss wieder im „Waldmeister“ an, dessen Textbuch (von Gust. Davis) zu den relativ besseren zählt. Neben dem zweiten Finale mit seinem schönen, reich polyphonen Stimmengewebe, dieser Perle Straussscher Instrumentirungskunst, ragen noch die Ouverture, der Chor und das Duett im ersten Akt hervor, welch letzteres („Allein, allein“) in seiner scheinbar einfachen und doch so kunstvollen Orchestersprache förmlich Mozartisch anmuthet. Hier gedenkt auch Hanslick der reizvollen, stets vornehmen und natürlichen Instrumentirung, die jede, auch die kleinste Komposition von Johann Strauss auszeichnet, und meint: „Es ist wahrlich keine musikalische Majestätsbeleidigung, wenn wir behaupten, es herrsche in seinem Orchester Mozartscher Wohlklang.“

Johann Strauss wehrte sich, wie wir denken können, sehr gegen den Vorwurf seiner letzten Operette, der „Göttin der Vernunft“, und folgte nur dem einmal gegebenen Versprechen mit der Komposition eines wenig unterhaltenden Textes der Librettisten Willner und Buchbinder, die, vom lockenden Titel abgesehen, wohl die Kleidertracht, nicht aber die historischen Gestalten jener Pariser Schreckenstage auszubeuten in der Lage waren. Seine musikalische Kraft siegte freilich auch hier: Das Lied der Komtesse im ersten Akt, und das Liebesduett im Anfang des zweiten Aktes beweisen es. Die Duette in letzterem „O Nachtigall es ist die Lieb“ (Robert und Komtesse) und „Die Schwalben guckten aus der Luft (Ernestine und Jacqueline) bergen einen bereits früher (S. 81) erwähnten, zauberhaften Orchestereffekt. Mit diesem Werke, dem keine so stürmische Aufnahme wie den früheren Kompositionen zu Theil geworden, legte „der unschätzbare Menschheitserfreuer und Sorgenbrecher“ wie Hanslick[189]) den Meister bei dieser Gelegenheit nannte, die Operettenfeder für immer aus der Hand. Der Rückblick auf die grossartigen Bühnen-Erfolge, die Strauss' musikalisches Genie über all die wankenden Grundlagen der Texte hinweg davontrug, wird stets den allerdings unfruchtbaren Gedanken erwecken müssen, was Johann Strauss erst auf kongenialem Substrat zu leisten vermocht hätte, in all der jugendfrischen Anmuth des meisterhaften Könnens wie geschaffen zum ersehnten Regenerator der deutschen Spieloper.

Zwischendurch entstand eine Reihe hervorragender Walzerkompositionen, als: „Hochzeitsreigen“ (op. 143); zur Musik- und Theaterausstellung in Wien 1892 das dem befreundeten Johannes Brahms, der immer schon nach einer Widmung verlangt hatte, zugeeignete op. 443 „Seid umschlungen Millionen“, dessen Sieg auf allen Linien den Meister für den Halberfolg des „Pázmán“ entschädigte; die „Märchen aus dem Orient“ op. 444 (vom Komponisten am 27. November 1892 im Musikvereinssale zum ersten Male unter stürmischem Erfolge eingeführt) mit der enharmonisch interessanten Stelle in der Coda:

zur Erinnerung des 25jährigen Bestandes des neuen Gesellschaftshauses der Musikfreunde in Wien der Gesangswalzer Klug Gretelein op. 462, am Festabend des 18. April 1895 im grossen Musikvereinssale unter persönlicher Leitung des Meisters (von der Konzertsängerin Türk - Rohn) interpretirt; endlich

aus der Feststimmung der Jubiläumstage des Jahres 1895 heraus der „Gartenlaube - Walzer“ (op. 461) mit seinem hüpfenden Introduktionsmotiv und den rhythmisch-kapriziösen Finessen hier und in den übrigen Themen. Alles Werke von jener Souveränität des Schaffens, die nicht Richard Wagner allein, sondern alle grossen Tonmeister der Gegenwart, so verschiedenartig sie im Wesen, ihrer Anschauung nach sein mochten, in Wort und That preisend anerkannten, dass Johann Strauss seine helle Freude daran haben konnte. Liszt, Tausig, Rubinstein, Brahms, Bülow, sie alle spielten mit Vorliebe nicht nur daheim Straussche Walzer am Klavier. Hans von Bülow schätzte sie nicht zu gering, um sie in grossen Orchesterkonzerten nach einem Beethoven zu dirigiren.

„Mir wird — schreibt Paul Lindau — der Abend unvergesslich bleiben, als Brahms, von Strauss an das Klavier genöthigt, nach einer heroisch symphonieartigen Improvisation, in der die Walzer-Motive kontrapunktistisch fein verwoben waren, in wahrhaft hinreissender Weise den Walzer „An der schönen blauen Donau“ spielte. Es ist eine Eigenthümlichkeit aller unserer grossen Meister und Klavierspieler von Ruf, — und auch diese Eigenthümlichkeit lässt sich nur aus der wirklichen musikalischen Bedeutung unseres Komponisten erklären, — dass sie Alle, wenn sie der ernsthaften Musik genug gethan, wenn sie sich aus den schwindelnden Höhen der Kunst wieder nach dem behaglich Menschlichen herabsehnen, wenn sie nicht mehr vorspielen, sondern gesellig musiziren, zu den Walzern von Johann Strauss greifen, die sie, ein Jeder auf seine Weise, sich individuell zurecht machen. Man muss Rubinstein hören, wenn er einen Straussschen Walzer in gewaltigen Oktaven mit einer titanenhaften, von seinem stürmischen Wesen ganz erfüllten Begleitung ertönen lässt, während ihm der Schweiss von der Stirne rinnt. Oder im völligen Gegensatze dazu Annette Essipoff, wenn sie mit duftigster Zartheit des pianos die Melodie „Nur für Natur“ wie ein Chopinsches Nocturn dahinhaucht. Der grösste Meister aber im Vortrage Straussscher Musik, der Alles besitzt, was dazu nöthig ist: jenen sammetweichen Anschlag, welcher die geschlagenen Tastentöne beim Vortrage der Melodie zum Legato der Geige zu binden weiss, die grossartige Technik, die auch dem hölzernen Klavier die eigenthümlichen Effekte des orchestralen Tonkörpers zu entlocken weiss, den wunderbar feurigen Rhythmus und das schwungvolle Temperament des Oesterreichers, ist Alfred Grünfeld.“

Das mit der Première von „Jabuka“ eingeleitete 50jährige Künstlerjubiläum des Meisters in den Oktobertagen 1894 gestaltete sich zu einem glänzenden Zeugniss der beispiel- und grenzenlosen Popularität des Meisters, fast möchte man sagen dieser nicht so sehr in Wien selbst, als ausserhalb der Donaustadt in aller Welt. Gab es doch auch Straussens einzige Feinde gerade nur an der Stätte seines Wirkens von Jugend auf, wo man, wie wir sahen, ihn oft verkannte; war er doch, so merkwürdig es scheint, überall populärer als gerade in Wien; so beispielsweise in Petersburg, wo ihn Alt und Jung auf der Strasse kannte, oder in Berlin, wo ihm fremde Leute auf Schritt und Tritt ihre Verehrung bezeugten. Es wäre aber, wie wir gleich hören werden, ungerecht, die rauschenden Huldigungen Wiens bei diesem Feste lediglich als Echo der Jubelrufe aufzufassen, die durch die ganze musikalische Welt erschollen. Nicht einen, mehrere Feiertage hatten die Wiener zu ihrer Ehre dem Meister geweiht. Am Sonntag nach jener Première füllten gleich zwei Fest-Konzerte den grossen, mit Blumen und der Büste des Meisters geschmückten Musikvereinssaal.

Im ersten, das um die Mittagsstunde abgehalten, alle Kreise der Gesellschaft, Vertreter der offiziellen, wie der Künstlerwelt vereinigte, brachten die

Walzer II Akt
Fag.
Corni

Aus der Partitur des „JABUKA".

Original von Herrn Max Kalbeck freundlichst zur Reproduktion überlassen!

Philharmoniker mit dem Männergesangvereine und Alfred Grünfeld unter abwechselnder Leitung von J. N. Fuchs, Ed. Kremser und Direktor Jahn mehrere der hervorragendsten Kompositionen des Hochgefeierten zum Vortrage. Strauss, in einer Parterreloge mit seiner Familie anwesend, wurde oft und lange akklamirt, bis er sich auf dem Podium zeigte, wo die Musiker ihn beglückwünschend umringten, indessen im Saale das Schwenken der Hüte und Tücher wogte. Abends veranstaltete Eduard Strauss zu Ehren des Bruders ein Fest-Promenadenkonzert, in das der Enthusiasmus auch viele Besucher der Matinée trieb. Nie hatte man den grossen Musikvereinssaal so voll gesehen — „nicht eine Sechszehntelnote hätte mehr Platz finden können" berichtet ein Blatt.[190]) Nur eine Frage beherrschte die einstürmende Straussgemeinde, ob der Meister auch jetzt erscheinen werde.

Jabuka.

„Aber mit der Pünktlichkeit, die auch der Walzerkönige Höflichkeit ist, betrat er Schlag halb sechs Uhr seine Loge und liess sich hier mit seiner Familie nieder. Sowie man ihn gewahrte, brach ein Jubel los, wie wir ihn noch nie und nirgends gehört. Was Freitag im Theater a. d. Wien, Samstag in der Oper und Mittags im Musikvereinssaale an Enthusiasmus geleistet wurde, nahm sich gegen die nachmittäglichen Stürme wie ein Kinderspiel aus, Alles erhob sich von den Sitzen und brach in Jubelrufe aus — ein Toben, Tosen, ein Delirium. Schwerlich hat je ein Künstler Aehnliches erlebt. Strauss dankte hocherfreut, war aber bleich vor Erregung. Er hätte keine Nerven haben müssen, um von solcher Ovation nicht erschüttert zu sein". Als sich der Orkan gelegt, trat Eduard Strauss an das Dirigentenpult, mit besonders feierlichem Gelegenheitsapplaus, als Mitglied der Straussdynastie, bedacht. Das mit Geschmack gewählte, fein und schwungvoll durchgeführte Programm, mit der Indigo-Ouverture beginnend, entfesselte durch jede seiner Nummern frenetischen Beifall, der seinen Höhepunkt nach dem Vortrage einer Blüthenlese aus den Walzern des gefeierten Meisters erreichte. „Mit dem „ersten Gedanken", den Strauss (1831) als Kind niedergeschrieben, begann diese Anthologie, und ging bis auf unsere Tage. Was da an uns vorüberzog, — schreibt der Berichterstatter[191]) — war mehr als ein halbes Jahrhundert Tonschöpfung, mehr als ein halbes Jahrhundert Wiener Lokalgeschichte. Man wurde da in der beredten Sprache der Töne daran gemahnt, welche Schätze an Wohlklang Johann Strauss im Laufe seines Lebens und Wirkens ausgestreut. So oft einer der beliebtesten Walzer angestimmt wurde, ging es wie ein Freudenrausch durch die Hörerschaft und hie und da, natürlich am elementarsten dem „Donau-Walzer" gegenüber, fiel das Publikum applaudirend ein — es hätte am liebsten mitgesungen, mitgetanzt. Die älteren Kompositionen erwiesen sich als wieder neu geworden für die heutige Generation; die Mehrheit der Anwesenden hörte so manches herrliche Werk zum ersten Mal. Und man musste die vielen schönen Frauen und jungen Mädchen beobachten, die, wie von einem Zauber gebannt, den berückenden Weisen lauschten, und sich offenbar nur mühsam zwangen, ruhig auf ihren Sitzen zu bleiben und zum Danke leuchtende Blicke auf den Meister warfen, der vielleicht selber schon so manche Perle aus seiner Schatzkammer vergessen hatte . . . Und auch alte Wiener und Wienerinnen sassen da und nickten im Takte mit den Köpfen und dachten selig-wehmüthig der schönen Zeit, da sie jung waren, und beim Dommayer oder „Sperl“ zu einem dieser Walzer glücksumfangen sich gedreht und geschwenkt hatten . . . Als die Blüthenlese zu Ende, brach beispielloser Beifall los. Man gab nicht nach, bis der Meister sich auf das Podium begab. Wieder stand Alles auf, wieder erfolgte eine Huldigung sondergleichen. Man muss die Szenen mitgemacht haben, um sie für möglich zu halten;“ sie wiederholten sich während der zweiten Hälfte des Programms und „das Finale bestand aus einer geradezu betäubenden Abschiedskundgebung, die so lange anhielt, bis Johann Strauss forteilte und auf Schleichwegen das Haus verliess, um nicht auf offener Strasse der Gegenstand von Demonstrationen zu sein.“

Im Hause des Meisters wogt' es schon vom frühen Morgen an: Eine Deputation um die andere, „Freund und Feind“ möchte man sagen, drängte sich zum Glückwunsch. Der Jubilar empfing, umgeben von seiner Familie, an der Seite Johannes Brahms, im Musiksalon. Hier dirigierte J. N. Fuchs das Konservatoriumsorchester zu seiner dem Meister zu Ehren komponirten Serenade. Der Generalintendant der Hoftheater Bezecny, Namens des Festkomités (an dessen Spitze er, Graf Wilczek und Dumba) die goldene Scharffsche Medaille mit dem vorzüglichen Reliefporträt des Meisters überreichend und zugleich Namens der „Gesellschaft der Musikfreunde“ die Ernennung zum Ehrenmitgliede derselben verkündend; der Bürgermeister Wiens mit den Grüssen der Gemeinde aller Wiener für „einen der vortrefflichsten Söhne dieser Stadt“; die Vorstände des Journalisten- und Schriftstellervereins „Concordia“ und der Künstlergenossenschaft; ein Sendbote von hundertundfünfzig amerikanischen Musikern, (darunter die hervorragendsten Künstler wie Seidl, Damrosch u. A.) mit einem kostbaren silbernen Lorbeerkranz; Abordnungen des K. K. Hofoperntheaters, des Wiener Männergesangvereins, der auswärtigen Presse, der Philharmoniker, des Deutschen Volkstheaters, hervorragende Persönlichkeiten u. s. f. lösen sich in ihren Anreden ab, bis unter tiefer Stille, die den Jubilar förmlich erschreckt und zur halblauten, abwehrenden Bemerkung „O, ich bin sofort wieder fertig!“ veranlasst, er selbst in charakteristischer Weise das Wort ergreift:

Strauss und Brahms.
(Photograph. von R. Krziwanek, Wien.)

„Ich bin kein Redner. Die Auszeichnungen, die mir heute zu Theil geworden sind, verdanke ich wohl zunächst meinen Vorgängern, vor Allem meinem Vater. Sie haben mir angedeutet, auf welche Weise ein Fortschritt möglich ist, er war nur möglich durch die Erweiterung der Form, und das ist mein Verdienst; ich bitte Sie, dieses mein schwaches Verdienst (Ohorufe und Heiterkeit) nur als das zu nehmen. Ich fühle, dass man mich zu sehr auszeichnet; man thut mir zu viel Ehre an. (Neuerliche Gegenrufe.) So, und jetzt ist's schon genug, ich habe genug gesprochen!"[192])

Den ganzen Tag über liefen in geradezu unermesslicher Fülle Kostbarkeiten, schriftliche und telegraphische Gratulationen und Adressen[193]) aus aller Welt ein. Eine Kabeldepesche aus New-York überbrachte die Nachricht, dass des Meisters neuester Walzer an diesem Abend auf dreizehn New-Yorker

Johann Strauss.

(Bild aus: Max Kalbeck's „Opern-Abende". Studien zur Geschichte und Kritik der Oper. Illustrirt. Berlin 1898. Verlag der Harmonie.)

Bühnen gespielt werde; tags darauf traf von dort ein Lorbeerkranz mit fünfzig Goldblättern ein. All den Reichthum an Gaben und Ehrungen hier verzeichnen zu wollen, die dem Meister in diesen Jubeltagen die Verehrung und Bewunderung zweier Welten verkündeten, oder auch nur annähernd den Trubel zu schildern, den unzählige Gratulanten in das Haus des Jubilars brachten, und der ausser dem Hause in den Wiener Konzertsälen — nicht einer blieb ohne Straussfeier! [194]) — den Theatern und schliesslich beim unausbleiblichen Banket (im Grand-Hôtel) seine geräuschvolle Fortsetzung erfuhr, hiesse die spaltenlangen Ausführungen der Tagesblätter [195]), auf die hiermit verwiesen werden muss, übertragen. Kaum möchte man es für möglich halten, dass der Jubel noch einer Steigerung fähig war — im Hofopernhause, wo man dem Meister bei der Festvorstellung entgegenjauchzte, dass er sichtlich betäubt war von den Ovationen, wie sie so spontan und herzlich zugleich in diesem Hause noch Keinem dargebracht wurden. Nur noch des eigenthümlichen Schicksals der Straussfeier im Karl-Theater sei gedacht. Ein kleines Festspiel sollte die Entstehung des ersten Walzers von Johann Strauss vor Augen führen; es passirt glücklich die Zensur der Behörde und des Gefeierten, nicht aber die seines Bruders Eduard, der um keinen Preis die Darstellung der verewigten Eltern des kleinen „Schans" auf der Bühne gestatten wollte. Nichts, auch der Hinweis auf die bekannten, oft gespielten Stücke „Strauss und Lanner" und „Josef Lanner", die Vater Strauss ohne Einspruch des Hofballmusikdirektors auf die Bühne gebracht, vermochte Letzteren zu erweichen. Und das Gelegenheitsstückchen war bereits studirt, inszenirt, das Haus ausverkauft! Da schaffen die Hausdichter des Karl-Theaters Rath und stellen anstatt „Papa Strauss" den „Violinlehrer" Johann Pammer mit Josef Lanner auf die Szene; „aber dieser Kopf, dieser „Mohrenschädel" schlug derart in die Strausssche Familie, dass die schönsten Textverschlimmerungen, die raffinirtesten Uebersetzungen aus der ersten in die dritte Person nichts halfen — Joh. Pammer war Joh. Strauss père. Und diese Nachbarin, „Madame Edi" — auch Dichter sind boshaft — wer konnte sie für etwas Anderes halten als die verbotene Mutter Strauss?" [196])

Die mitgefeierte Gattin des Meisters, die „Walzerkönigin", wie ein Dichtermund in jenen Tagen sie reizvoll nannte, half Jenem treulich all den schweren Glanz ertragen, der auf Beide niederfiel und auch des Reliefs, der Schatten nicht entbehren sollte. Gerade dort, wo sich, ohne Uebertreibung gesprochen, die ganze zivilisirte Welt zu einem Jubelgrusse vereinte, gerade auf dem Wiener Boden selbst, wohin Aller Blick gerichtet war, wies die Reihe der Kundgebungen manche vielbemerkte Lücke auf. Indessen — was ihn zuerst kränken mochte, war bald verschmerzt — verging doch auch in den letzten Jahren kaum ein Tag ohne irgend eine Ehrung, Anerkennung oder „Ernennung", die unsern Johann Strauss aber immer gleichgiltiger liess.

Wie die Erlösung von einem schönen, doch aufregenden Traume mochte dem Meister das Ende der in solchem Masse wohl selten einem Künstler zu Theil gewordenen Festlichkeiten erscheinen, da er sich wieder in gewohnter Weise in sein buon retiro zurückziehen durfte, wo wir ihn im Geiste ein wenig aufsuchen wollen. Vor ewa zwei Jahrzehnten hatte sich Johann Strauss den luxuriösen, Seite 77 abgebildeten Palast in der Igel- (jetzt Joh. Strauss-) Gasse No. 4 in Wien erbaut, der fürstliche Vornehmheit mit den Forderungen des Gemüthlichen und Bequem-Einfachen vereinte: im Stockwerk die Gesellschaftszwecken dienenden stolzen Gemächer, im Erdgeschoss die eigentlichen Wohnzimmer, in ihrer Flucht, anstossend an einen Billardsaal, das mit vornehmer Schlichtheit eingerichtete Arbeitszimmer, mit seinem Hauptgeräth: einem Stehpult, an dem der Meister gewöhnlich komponirte, in einer Nische ein

Harmonium. Aus dem Reichthum werthvoller, interessanter Kunstobjekte, die den Schmuck der anderen Zimmer, namentlich des Boudoirs der Gattin bilden, seien nur die auf Strauss und sein Schaffen sich beziehenden hervorgehoben: Die Büste des Meisters von Tilgner; sein Brustbild von der Hand des befreundeten Lenbach, der nie versäumte, Johann Strauss in Wien aufzusuchen; Defreggers Bild „Tanz auf der Alm“, das der Maler dem Komponisten mit der Widmung „Heut geigt der Strauss“ dedizirte; ein humorvolles Bild des Wiener Malers von Stur — ein paar Gnomen plagen sich, den Thieren des Waldes Straussche Walzer beizubringen; endlich eine Kopie des in der Gallerie der Wiener Berühmtheiten im Wiener Rathhause befindlichen Porträts von Eisenmenger. Nicht zu vergessen der zum Hause gehörige Garten, mit alten Bäumen und seltenen Blumen; darin das Gartenhaus, wo der Meister gern weilte — über der Thür dieses Häuschens in Steinrelief ein köstliches Wappen, ein prächtiger Strauss, der stolz den Hals in die Höhe streckt — er hat es eben nicht nöthig, den Kopf im Sande zu verstecken. In jenem Arbeitszimmer fanden die gewissen journalistischen Interviews statt, deren Forderung nach Lebensdaten Strauss ebenso unangenehm war, wie sich photographiren zu lassen. Frau Adele nahm regen Antheil am Gespräch; sie verstand es übrigens ausgezeichnet, die Unnahbarkeit des Walzerkönigs zu wahren, oder liebenswürdig die schwer zu erlangende Audienz zu vermitteln, je nachdem das Eine oder das Andere am Platze war. Während der Arbeitszeit, die ihn nervös erregt machte, vertrug der Meister keine Störung, und fürsorglich ward jede solche durch die Gattin ferngehalten, wie sie auch stets den Eigenheiten des Künstlers in zartfühlendster Weise Rechnung trug, und selbstverständlich u. A. dafür sorgte, dass er, dem, wie wir wissen, überall die musikalischen Gedanken zuflogen, in jedem Zimmer

Strauss am Schreibpult.
(Photogr. von R. Krziwanek, Wien.)

Gartenhaus.

an auffälligem Platze Notenblatt und Bleistift bereit fand. Dass des Meisters reizendes Gemahl seine Schaffensthätigkeit nicht allein durch Fürsorge in solch äussern Dingen, sondern auch ideell förderte, beobachteten wir schon; wie sie denn jeder Zeit bereit war, dem Gatten auf Wunsch mit Rath und That beizustehen.

Gewöhnlich arbeitete der Meister von zehn Uhr Morgens bis zur Speisestunde halbzwei Uhr; in dieser Zeit empfing er keine Besuche. Ab und zu ging er ins nebenliegende Billardzimmer, machte einige Coups, um wieder zum Stehpult zurückzukehren. Während der Komposition pflegte er manchmal der Gattin ein telegraphisches Signal zu geben, um der Herbeigerufenen das neue Stück am Harmonium vorzutragen und ihre Meinung darüber zu hören. Nach dem Speisen spielte er gewöhnlich allein Billard, Abends gab es eine Tarokpartie. Erst um zehn Uhr nahm er, in den letzten Jahren im Bett, seine Arbeit wieder auf — sie betraf zumeist Instrumentation oder Ueberdenken der Arbeit für den folgenden Vormittag — und setzte sie bis zwei oder drei Uhr Morgens fort. Wenn ein Librettist ihm ein Sujet erzählte und einzelne Szenen oder Verse ihm gefielen, ging er auf einen Augenblick unauffällig ins Arbeitszimmer — die Fabrik, wie er es nannte, — um die eben entstandenen Themen aufzuzeichnen. Ging der Autor weg, arbeitete er weiter; dann spielte er Frau Adelen nicht selten sechs bis sieben Nummern für das eben gehörte Libretto vor. Es wurde oft nicht angenommen, die Musik aber war vorhanden.

Die ganz abgesehen von der mühelosesten Erfindung erstaunliche Produktivität des Meisters vom rein technischen Standpunkt aus erklärt sich durch sein geringes Ruhebedürfniss, selbst nach anstrengender geistiger oder physischer Arbeit.

Nach einer Première nach Hause zurückgekehrt, war er in Folge der temperamentvollen Erregung beim Dirigiren wohl sehr ermüdet und erhitzt, dass er in einen Mantel gehüllt sich nur langsam abkühlte und erholte; doch nicht in philiströser Bequemlichkeit, sondern im kleinen Freundeskreise beim Souper ward er bald wieder frisch und lieferte meist selbst die treffendste Kritik über sein Werk. Er fühlte an solchen Abenden das Bedürfniss, sich auszusprechen, bei einem Glase Wein gemüthlich sitzend; und wenn Einer nach dem Andern sich von der Tafelrunde fortschlich, sass Frau Adele noch mit ihm bis vier, ja bis fünf Uhr Morgens wach. Mit List musste sie ihn zur Ruhe schmeicheln, da er bis auf die zwei letzten Lebensjahre nie etwas vom Schlafengehen hören wollte.

Wie es für Strauss keinen Feier-, keinen Reisetag ohne Arbeit gab, die ihm nicht Zwang, sondern Bedürfniss war, so kannt' er auch in anderer Beziehung keine Lässigkeit. Nie überliess er sich irgend einer Art jener „Bequemlichkeit", deren Symbol der Schlafrock ist. Die Aufgabe dieser Monographien, den Künstler sozusagen auch im Negligé zu betrachten, wird dem Straussbiographen unmöglich; denn keines Menschen Auge hat den Meister auch im engsten Familienkreise jemals anders erblickt als stets à quatre épingles — ihm war die tadellose elegante Kleidung vom steifen Kragen bis zum Lackschuh zur Gewohnheit geworden, und ihrer bedurft' er ebenso zur Arbeit, als ein Anderer etwa des völligen „Sichgehenlassens."

Elastisch in jeder Bewegung, stramm und elegant in der Haltung, beschämte der Meister nicht allein mit seinem Fleisse die Jüngern. „Nie hatte ich die Empfindung — erzählt die Wittwe, — dass er ein alter Mann sei."

Auch der Kaiser bemerkte damals, bei der Première von „Ninetta“ zu Strauss: „Ihre Musik scheint ebenso wenig zu altern, wie Sie selbst, Sie haben sich fast gar nicht verändert, und es ist doch lange her, seit ich Sie gesehen.“

In seinem „Igelheim“ fand der Meister die Vorbedingungen zur Arbeit und Zerstreuung zugleich; nicht häufig besuchte er Konzerte und Theater. Er liebte nicht „grosse Gesellschaft“ und selten fand bei ihm eine solche statt; einen kleinen Kreis von guten Freunden (Tilgner, Maler Fuchs, Bösendorfer) aber, mit dem er sich leidenschaftlich dem Tarok- oder Billardspiel ergab,[197]) versammelte der Meister gern und oft um sich; hier thaut' er auf in seiner ganzen berückenden Liebenswürdigkeit. Strauss war ein Charmeur, dessen persönlichem Zauber sich Niemand entziehen konnte; voll Humor und Schelmerei, die ihm aus den leuchtenden Augen sah. Den Charakterzug grosser, ja übergrosser Bescheidenheit, die Tugend, die nur den echten Künstler ziert, bemerkten wir wiederholt. Neben ihm tritt der wie wir wissen, schon frühzeitig entwickelte Wohlthätigkeitssinn besonders markant hervor. Das „Edel sei der Mensch, hilfreich und gut“, durch diesen Menschen und Künstler ward es erfüllt, wie selten. Nicht nur durch ihren ideellen Gehalt an sich wurden seine Werke als Erzeuger des Frohsinns für Millionen Wohlthäter der Menschheit; Strauss' heitere, prickelnde Weisen hatten nicht selten Thränen getrocknet, Elend gelindert; wie unzählige Male ging nicht die „Fledermaus“ allein zu edlem Zweck in Szene; und wie oft stellte sich nicht ihr Schöpfer selbstlos an die Spitze des Orchesters um eines solchen Zweckes willen. Aber auch im Stillen ward mancher Dankeskuss auf seine mildthätige, freigebige Hand gedrückt und insbesondere die Stadt Wien hatte Grund, im Bürgerrecht-Diplom an den Meister dieser den Menschen und Künstler schmückenden Tugend zu gedenken.[198]) Das gute Herz, das in ihm schlug, es sprach vernehmlich auch in anderen Dingen: er hat es nie vermocht, „Nein“ zu sagen, eine Bitte zu verweigern; und nie kam ein abfälliges Urtheil oder gar boshaftes Wort von seinen Lippen, wie es z. B. sein Freund Brahms — der reine Gegensatz zu dem Meister — liebte; obgleich Straussens hervorragendes Talent zum Karrikaturen-Zeichnen[199]) auf die vorhandene Fähigkeit, die Schwächen der Mitmenschen gut zu erkennen, schliessen liess. Kalbeck schreibt: „Man lernt diesen genialen, wahrhaft liebenswürdigen, immer frohgelaunten Menschen

Frau Strauss und Joh. Brahms.
(Photogr. von R. Krziwanek, Wien.)

erst recht kennen, wenn man das Glück hat, durch eine gemeinschaftliche Arbeit mit ihm verbunden zu sein. Seine Zuvorkommenheit, Herzensgüte, Nachsicht und Geduld sind unerschöpflich, wie der Jungbrunnen seiner Melodien."

Die Ehen des Meisters waren kinderlos geblieben; es ist aber eine irrige Behauptung, dass ihm der Mangel eines „Thronerben das Herz bedrängt" hätte.[200]) Frau Adele hatte übrigens aus ihrer ersten Ehe dem Meister ein liebreizendes, musikbegabtes Töchterchen, Alice, mitgebracht, die sich 1898 dem vortrefflichen Wiener Pianisten und Konservatoriumsprofessor Richard Epstein vermählte. Dieser verstand es, dem Meister oft noch unaufgeschriebene Kompositionen zu Danke nachzuspielen, was um so mehr bedeuten will, als Johann Strauss in früheren Jahren selbst ein vorzüglicher Klavierspieler war. Ein junger glühender Verehrer bereitete dem Meister besondere Freude: Referendar, jetzt Gerichtsassessor Hans Reichert in Königsberg in Preussen, der von Jugend auf für die Straussschen Werke solch liebevolles Verständniss fasste, „dass er sie alle in- und auswendig, mit sammt den Namen und Opuszahlen kennt, und aus dem Gedächtnisse sie zu spielen vermag.

Strauss im Garten.

(Photogr. von R. Krziwanek, Wien.)

Die Sommermonate pflegte der Meister auf seiner reizenden Villa in Ischl — wo ihm zu Ehren 1894 ein Weg Johann Strauss-Promenade genannt wurde — zu verbringen; vor dem hatte er seinen Sommersitz in Schönau bei Leobersdorf in einem reizenden Schlösschen aufgeschlagen. Die Bekannten, die hinaus kamen, und mit ihm den schönen Park durchwandelten, sahen die rege Freude des verfeinerten Künstlers an der Natur und wie ihm die bunten Kiesel, die er sich aus Ostende mitgebracht, um damit eigenhändig die Blumenbeete einzufassen, mehr Vergnügen bereiteten, als die Rubine und Diamanten an seinem Finger.[201])

Da sich kein Textbuch fand, das den nunmehr energischen Widerstand des Meisters gegen eine neuerliche Librettistensünde wider die Göttin der Vernunft und seinen musikalischen Genius hätte besiegen können, entschloss sich Johann Strauss zur Komposition eines Ballets, für dessen Text er selbst ein Preisausschreiben erliess, aus dem das „Aschenbrödel", dessen Autor unter dem Pseudonym Kollmann sich verbarg, siegreich hervorging. Von diesem fortlaufend über den Text komponirten Werke kann ich vorläufig auf Grund liebenswürdig gewährter Einsicht in die nahezu vollendete Partitur freudig sagen, dass es wohl den Wunsch erfüllt, dem einmal Hanslick, als er die unvergleichliche Balletmusik aus „Pázmán" hervorhob, Ausdruck gab: „Strauss möchte uns ein vollständiges Ballet schenken. Er ist heute der einzige Komponist, der das mit höchster Wirkung vermöchte. Und mit spielender Leichtigkeit. Verdankt nicht das Divertissement „Wiener Walzer“ seinen enormen Erfolg zum guten Theile Straussschen Melodien? Und verdanken nicht die besten französischen Ballete ihren Erfolg der Musik von berühmten Opernkomponisten, wie Herold, Adam, Halévy? Verdunkeln nicht heute noch die Ballete von Delibes seine Opern? Strauss brauchte nur zu wollen, um, diesen Namen sich anreihend, ein Bühnenwerk zu schaffen, das seine schönsten und eigensten Vorzüge zu einem prachtvollen Bouquet vereinigt.“

Die Partitur des „Aschenbrödel“ weist einen Reichthum an eigenartigen und doch echt Wienerischen Melodien, eine Fülle harmonischer Feinheiten und Finessen in der Stimmführung, — besonders die Bässe oft sehr charakteristisch —, überhaupt Schönheiten auf, die Alles das zu vereinigen scheinen, was wir an dem grossen Musiker Strauss bewundern und lieben. „Ihre Orchestermitglieder sollen nicht gezwungen sein, den Donauwalzer (der in dem Werke vorkommt) zu spielen“, meinte der Komponist in seiner bescheidenen Weise zu Direktor Mahler, als über die Aufführung des Ballets am Hofoperntheater verhandelt wurde — und er variirte in kunstreicher Weise den Donauwalzer. Als hervorragende Meisterstücke Straussscher Instrumentationstechnik werden im „Aschenbrödel“ wohl vor Allem die Ballabiles in F und in C-Dur gelten können.

Johann Strauss.

(Mit Genehmigung der „Neuen Musikzeitung“.)

Der Meister arbeitete in voller Rüstigkeit und emsiger Arbeitsfreude an der Vollendung des Werkes — da entsank der Griffel seiner erkaltenden Hand und es erfüllten sich die prophetischen, fünf Jahre vorher geschrieben Worte Doczis über den Meister:

„Noch der Tod findet eine Melodie auf seinen Lippen und sie wird Straussisch sein, d. i. original“.

Am Pfingstmontag 1899 noch dirigirte Johann Strauss bei der „Fledermaus“-Aufführung im Hofoperntheater die Ouverture mit jugendlicher Elastizität und Frische, dass das ganze beifalldröhnende Haus darob staunte: die Wiener sollten ihn aber zum letzten Male gesehen haben. Dass die Aufregung des Dirigirens nachtheilig auf den Gesundheitszustand des Meisters gewirkt habe, ist unrichtig; in stolzer Freude über den Erfolg und die Ovationen, die ihm von der erlesenen Musikerschaar der Philharmoniker mit Mahler an der Spitze bei der Probe bereitet wurden, schuf er noch am Samstag darauf in vollem Wohlsein an dem Ballet. Nur die ungünstige Witterung konnte so verderblich die immer zarte, schonungsbedürftige Konstitution des Meisters beeinflusst haben, dass plötzlich eine Lungen- und Rippenfellentzündung ihn aufs Lager warf. Die ärztliche Kunst der Doktoren Notnagel, Weiss und Lederer versagte. Dem Schöpfer der Lebenslust in Tönen nahte unerbittlich der Tod. Die Grazien aber, die ihrem Liebling das Glück der Jugend, des Körpers und des Geistes bis zum letzten Augenblick verliehen hatten, befreiten ihn, den immer Friedfertigen, vom Kampfe. Mit den Tröstungen der Religion versehen, schied er am 3. Juni 1899 nach 4 Uhr Nachmittags ruhig von der Erde. Am Sterbelager weilten Frau Adele, die Tochter mit dem Gatten, die Schwäger Chavanne und Simon mit ihren Frauen. Alle Blätter trugen die Trauerkunde hinaus in die ganze musikalische Welt; ihr hatte, der sie stets nur erfreut, erhoben, entzückt, nun „den ersten Schmerz gethan“.[202])

Johann Strauss.
(Photogr. von R. Krziwanek, Wien.

Zu einer überwältigenden Kundgebung der Verehrung für den Dahingeschiedenen seitens seiner Wiener gestaltete sich am 6. Juni um 3 Uhr Nachmittags das Leichenbegängniss von Johann Strauss. Der Zug ging an jenen Stätten vorüber, wo der Meister mit den Aufführungen seiner Werke Triumphe gefeiert hatte — am Theater an der Wien, am Opernhause, wo er zum letzten Male vor Kurzem noch den Dirigentenstab geschwungen und am Musikvereinsgebäude, der Feststatt seines fünfzigjährigen Künstlerjubiläums. Ueberall auf dem langen Wege standen in dichten Reihen die Wiener und hinter dem Sarge schritt ein schier unübersehbares Trauergefolge. Auf sechs Blumenwagen wurden die gespendeten 161 Kränze dem Todten nachgeführt.

Strauss ward in einem Ehrengrabe des Zentralfriedhofes bestattet, dort, wo die anderen grossen Musiker ruhen. Er schläft neben Johannes Brahms; ihm gegenüber Schubert. Die endgiltige Beisetzung in der fertiggestellten Gruft fand am 8. Oktober 1899 in Anwesenheit der nächsten Familienmitglieder statt.

Die erste spontane Trauerkundgebung für den Verblichenen erfolgte noch am 3. Juni im Wiener Volksgarten anlässlich eines Konzertes zum Besten des Strauss - Lanner - Denkmals. Ed. Kremser theilte der zahlreichen Hörerschaft das eben erfolgte Ableben des Meisters mit; unter tiefer Ergriffenheit aller Anwesenden intonirte die Kapelle ganz leise den Donauwalzer — es klang wie ein geheimnissvolles letztes Grüssen des Todten an seine Wiener. An der Universität widmete am 6. Juni Hanslicks Nachfolger, Professor Dr. Guido Adler, dem Todten einen eindrucksvollen Nachruf.

Die meisten Theater veranstalteten eine Todtenfeier für den Schöpfer der „Fledermaus“, indem sie mit Recht gerade dieses unverwelkliche Meisterwerk zur Aufführung wählten, so das Wiedener Theater, die Hoftheater in Wien und Berlin, das deutsche Landestheater zu Prag; an den beiden letztgenannten Bühnen ging der Vorstellung Mozarts Maurerische Trauermusik und ein, das epikuräische Prinzip nur etwas zu sehr betonender Prolog von Blumenthal voran. Das Theater an der Wien eröffnete seine Gedächtnissfeier (am 1. September 1899) mit einem stimmungsvollen szenischen Prologe von Max Kalbeck.[203]) Die Gesellschaft der Musikfreunde brachte zum Gedächtniss des Meisters am 25. Oktober 1899 eine Aufführung von Brahms' Requiem.

Strauss hat die letztgenannte Gesellschaft zum Universalerben eingesetzt; Gattin, Tochter und beide Schwestern mit lebenslänglichem Nutzgenusse aus dem Ertrage der Werke und Liegenschaften[204]) bedacht.

Der künstlerische Nachlass des Meisters enthält ausser dem Schwanengesange, jener Ballet-Märchendichtung „Aschenbrödel", die durch Josef Bayer

Johann Strauss auf dem Totenbette.

redigirt wurde, noch: die zu veröffentlichenden „Traumbilder", Phantasiestücke für grosses Orchester, davon besonders das zweite (C-dur) eine äusserst feinsinnige Komposition von poetischem Stimmungsgehalte und ganz eigenartigem Klangzauber — die Harfe wird hier zu reicher und origineller Geltung gebracht —; Partituren verschiedener Walzertheile; fast an Tausend jener uns bereits bekannten Melodieskizzen; endlich einzelne noch nicht verwendete Partitursätze zu Operetten. Ein bereits durch den Schwiegersohn des Verblichenen und Assessor Reichert gesichteter Schatz, dessen endgiltige Hebung hoffentlich ebenso pietät- als verständnissvollen Händen anvertraut wird.[205])

Die Stadt Haydns und Mozarts, Beethovens und Schuberts, sie trauert nun auch dem letzten der drei Tongewaltigen nach, die vor Kurzem noch den mächtigen, lockenden Zauber ihrer persönlichen Gegenwart in das bewegte

Wiener Geistesleben trugen; in kaum fünf Jahren schieden sie nacheinander: 1896 Bruckner, 1897 Brahms, 1899 Johann Strauss. Die Grösse jener Beiden bedurfte leider der „Clique", um einer blinden Menge die Augen zu öffnen; Johann Strauss durfte sie entbehren — seine Clique war die ganze Welt. Welch ein seltener Mensch und Künstler in diesem Klassiker und Romantiker der Tanzmusik zugleich aus der Gegenwart schied, was sein Tod uns beklagen, seine Unsterblichkeit uns freudig erkennen lässt, brauchen wir nach dem hier entrollten Bilde, das, so unzulänglich es gezeichnet sein mag, doch aus sich selbst reichgestaltet vor unseren Augen emporwuchs, kaum mehr zu sagen. Es war ein Leben, reich an wahren Triumphen, aber auch voll rastloser Arbeit und selten haben sich Glück und Verdienst bei einem Künstler so die Waage gehalten, wie bei Johann Strauss. Es verdient beachtet zu werden, wie der Vater noch im Banne eines Schicksals, das den alten Franz Strauss in die Fluthen der Donau trieb, im reissenden Strome des Lebens untersinken musste; ein Schicksalszug, dessen letzter Ausläufer noch den unglücklichen Joseph als Opfer forderte; indessen Johann der Sohn frei von ererbter Schuld, glückbegünstigt seinen hohen Zielen zustreben durfte, zu seiner und Millionen Anderer hoher Befriedigung.

Wir können dies Buch zu Ehren Johann Strauss' nicht besser schliessen, als mit den eigenen Worten des Sohnes über den Vater, denn sie gelten auch ihm selbst: „Er war wie jeder echte Künstler im höchsten Grade bescheiden, und nicht einen Augenblick hegte er die Anmassung, sich auf dasselbe Piedestal mit den Heroen der grossen Kunst stellen zu wollen. Aber seine Kunst hat manche Sorge verscheucht, manche Falte geglättet; Vielen den Lebensmuth gehoben, die Lebensfreude zurückgegeben; sie hat getröstet, erfreut und beglückt; — und darum wird die Menschheit ihm ein Andenken bewahren."

ANHANG I.

[1]) Vgl. hierzu Gehrmanns Lebensbild „C. M. v. Weber“ in dieser Sammlung, V. Band, S. 55 f.

[2]) Gesammelte Schriften über Musik und Musiker von Rob. Schumann. Leipzig, Reclam, I, 232 f.

[3]) Schumann, cit. II, 181.

[4]) Ambros, „Bunte Blätter“, Leipzig, Leuckart, 2. Aufl. S. 46.

[5]) Vgl.: „Johann Strauss“. Ein Lebensbild von Rud. Kleinecke. Universal-Bibliothek für Musikliteratur. No. 8. Leipzig, Internationale Verlagsanstalt. 1894. — „Johann Strauss“. Ein Lebensbild, von Ludw. Eisenberg. Leipzig. Breitkopf u. Härtel, 1894. — Verzeichniss der sämmtlichen im Druck erschienenen Kompositionen von Johann (Vater und Sohn), Josef und Eduard Strauss, herausgegeben von Chr. Flamme. Ebenda, 1898. — Musiklexika von Bremer, Riemann.

[6]) „Grillparzer und der Kampf gegen die deutsche Oper in Wien“ von Dr. Rich. Batka, „Musikalische Streifzüge“, E. Diederichs, Leipzig, 1899.

[7]) Franz Strauss, geb. 1750, bürgerlicher Bierwirth „Zum guten Hirten“ in der Leopoldstadt; dessen Frau, Barbara, geb. Tollman, war die Tochter eines Angestellten der kaiserl. Reitschule, geb. 1740. Sie gebar ihrem Gatten ausser dem Sohne Johann noch eine Tochter, Ernestine; diese heirathete, gegen des Bruders Willen, den Musiker Carl Fux Anfangs Violaspieler in der Kapelle seines Schwagers, später dessen Sekretär. (Eisenberg S. 20.)

[8]) No. 53 der genannten Gasse in der Leopoldstadt.

[9]) Einer der zum Nachtmahl, aber auch oft nur um ein solches aufspielt.

[10]) Nach persönlicher Familiennachricht. Vgl. dem gegenüber die Version bei Eisenberg (15) und Kleinecke (6), wonach der Tod des Vaters erst nach der im Weiteren geschilderten Fluchtaffaire des Sohnes erfolgte.

[11]) Strauss bewahrte der guten Frau, die er seine zweite Mutter nannte, zeitlebens ein treues Gedenken, und unterstützte sie in ihrem Alter nach Kräften, so wie sie ihm mit Rath und That noch beistand, als er schon längst die Lehre bei ihrem Manne verlassen hatte, (Kleinecke, S. 11). Die Familie jenes Buchbindermeisters, Namens Johann Lichtscheidl, in der Leopoldstadt, bewahrte ein vom Lehrling Strauss gebundenes Gebetbuch lange förmlich als Reliquie; und in der Autographensammlung Possonyi in Wien finden sich die meisten Walzer von Joh. Strauss eigenhändig geschrieben und eigenhändig gebunden — er hat also doch auch hier etwas gelernt! (Eisenberg, S. 14).

[12]) Sie gab später den Kindern einen Stiefvater in dem Gastwirthe Golder.

[13]) Kapellmeister Johann Pammer, einer der begabtesten „Wirthshausmusikanten“ jener Zeit, dem es jedoch an guter Erziehung und Charakter gebrach, um, gleich Lanner und Strauss, sich aus niedriger Sphäre zu erheben und einen edleren Ton in die Volksmusik zu bringen.

[14]) Vgl. die hübsche Skizze aus dem Altwiener Leben „Vom Himmelpfortgrund“ von Ada Christen. Illustr. Wiener Extrabl. vom 21. April 1889.

[15]) Auch fremden Kapellmeistern half er damals um des lieben Geldes Willen mit eigenen Gedanken aus. Vgl. Kleinecke S. 8.

[16]) Lanner widmete diesem Auseinandergehen den „Trennungswalzer", op. 19, der am letzten Abend der Mitwirkung Straussens in Lanners Orchester zum ersten Mal aufgeführt wurde. Vgl. Eisenberg S. 18.

[17]) Bei Breitkopf und Härtel in Leipzig.

[18]) Nicht „zum rothen Hahn", wie Eisenberg (19) oder „grünen Baum", wie Kleinecke (8) sagt (Persönl. Familiennachr.). Ihre Mutter, Gattin des gräfl. Esterhazyschen Stallmeisters und späteren Gastwirthes Streim, war die Tochter eines spanischen Edelmannes, der in Folge eines unglücklichen Zweikampfes bis nach Wien geflüchtet war und hier unter dem Namen Rober (um 1760) eine Wiener Bürgerstochter heirathete. Einer der Söhne aus dieser Ehe war Maler von dessen Hand schöne Wandgemälde in den Lichtensteinschen Schlössern herrühren. Eine zweite Tochter war die Gattin des Wiener prakt. Arztes Dr. Waber. Vgl. Eisenberg 20 f.

[19]) Nach dem vorbenannten Gasthause benannt und als op. 1 bei Haslinger in Wien erschienen.

[20]) Es that dies in Bäuerles Theaterzeitung der Bibliograph und Dosenmaler Franz Gräffer, einer aus der fröhlichen „Ludlamshöhle", einer Gesellschaft von Literaten und Künstlern, der Strauss neben Grillparzer, Schreyvogel, Deinhardstein, Castelli, Joh. Gabr. Seidl, Bauernfeld u. A. angehört hatte. Vgl. Eisenberg 79.

[21]) Ein den „Walzertyrannen Strauss" verherrlichendes Gedicht Ed. Bauernfelds aus jenen Tagen geben Kleinecke (S. 10) und Eisenberg (S. 23) wieder.

[22]) Martin y Soler, 1754—1806, feierte 1785 in Wien mit der genannten Oper Triumphe, seine Werke behaupteten sich hier gegenüber denen Mozarts, sind aber heute vergessen. vgl. Riemann.

[23]) Aus jener Zeit soll auch die bekannte Walzermelodie „O Du lieber Augustin" stammen.

[24]) Riehl, „Musikal. Charakterköpfe". II, 299. Vgl. Anm. 1.

[25]) Schumann, cit., II, 51.

[26]) Rich. Heuberger in einem trefflichen Aufsatze „Das Straussjubiläum" im „Wiener Tagbl." v. 14. Okt. 1894.

[27]) Sie lockten darum nicht selten andere, weniger erfindungsreiche Komponisten zur „Bearbeitung"; und „was Strauss für ein grosser Mann", bemerkt einmal Schumann, (cit. II. 33 ein Rondino von Döhler über ein Thema von Strauss besprechend), „gewahrt man erst, wenn man die fremde Zuthat dagegen hält." (Vgl. auch im selben Bande cit. S. 88: X. Chwatal, Variationen über ein Thema v. Strauss.) Bezeichnender Weise wurde Lanner, dessen Schumann nur vorübergehend (cit. II, 133 und III, 60) erwähnt, wiederum von Mendelssohn sehr geschätzt; dieser empfiehlt einmal Lanners Werke David zum Studium. Vgl. vorgenannten Aufsatz.

[28]) Schumann, cit. I. 127.

[29]) Vgl. hierzu die Ausgaben berühmter Walzer von Johann Strauss, d. i. Vater, (sie lassen nur letztere genealogische Bezeichnung ungerechtfertigt vermissen) in der Kollektion Litolff.

[30]) Vgl. Schumann, II, 129. „Dass man einen Strauss um sein Talent beneiden möchte, der's aus den Aermeln schüttelt und das Geld dafür in der Tasche." Mit letzterem war's freilich nicht gar so glänzend bestellt.

[31]) Leopold Jansa, 1794—1875, war zu jener Zeit Universitätsmusikdirektor und veranstaltete regelmässige Quartettsoiréen. Vgl. Riemann.

[32]) Joseph Labitzky, geb. 4. Juli 1802 in Schönfeld bei Eger, gest. 19. Aug. 1881 in Karlsbad, Autodidakt in der Kompositon, seit 1835 Leiter der Karlsbader Kurkapelle, wo er zuerst als Violinist wirkte, unternahm mit seinem Orchester erfolgreiche Konzertreisen bis London und St. Petersburg, wobei er seine zahlreichen, melodischen und schön instrumentirten Tänze weithin bekannt und beliebt machte. Sein Sohn August steht bekanntlich noch heute an der Spitze des renommirten Karlsbader Kurorchesters.

[33]) Er konzertirte nur kurze Zeit in einigen österreichischen Provinzialstädten und in Ungarn. Vgl. H. Sachs, J. Lanner, 1889.

[34]) Das Haus, dessen Bild nach einer werthvollen, im Besitze der Familie des Meisters befindlichen Zeichnung vorgeführt wird, wurde 1893 niedergerissen, an seiner Stelle erhebt sich

ein moderner Zinsbau. Als das Gebäude demolirt wurde, wanderte Strauss manchmal hinaus und stand lange still vor den Trümmern. (Vgl. den Artikel von H. Glücksmann zur Jubiläumsfeier des Meisters, „Moderne Kunst“ 1894.)

[35]) S. Kurt v. Zelau „Die Wiener Operette. Plaudereien mit Komponisten und Librettisten.“ Deutsche Revue, 1885. S. 163 ff.

[36]) Carl Haslinger (1816—68), der dem Vater, wie später dem Sohne Joh. Strauss befreundete Musikverleger, seit 1842 Chef des berühmten Verlagshauses (C. Haslinger, quondam Tobias), das am 9. Dezember 1875 an Schlesinger (Rob. Lienau) in Berlin durch Kauf übergegangen ist, war auch fleissiger, fruchtbarer Komponist (über 100 Werke), Schüler von Czerny und J. R. v. Seyfried.

[37]) Amon musste bei angedrohter Entlassung versprechen, keinen der Söhne ferner zu unterrichten. Vgl. Eisenberg, 40.

[38]) In der Stadt wohnten sie seither im Badhaus „Zum weissen Wolf“ in der Leopoldstadt, zogen dann 1830 in die Sperlgasse und 1833 ins „Hirschenhaus“ No. 17 Taborstrasse, wo sich die Geschicke der Familie bis zum Jahre 1886 abspielten. — Das Häuschen No. 9 der Herrengasse in Salmannsdorf (heute zu Wien gehörend) war in der Nr. des „Wiener Extrablatt“ v. 14. Okt. 1894 abgebildet. Eine angefügte Notiz: „Wo Johann Strauss das Komponiren gelernt hat“ besagt, dass Strauss dort den ersten musikalischen Unterricht genoss und häufig in jungen Jahren während der Sommermonate musizirt und komponirt hat. Der ehemalige Bürgermeister der Gemeinde, Bärenwieser, damals schon ein erwachsener junger Mann, unterhielt sich gerne mit dem aufgeweckten, charmanten Knaben, wusste sich genau jenes ersten Walzers zu erinnern und erzählte gern lustige Details aus dem Straussschen Leben.

[39]) Bei Eisenberg S. 60 reproduzirt.

[40]) Eisenberg S. 38.

[41]) S. „Joh. Strauss' ältester Freund“, ein Schreiben des Oberlandes-Gerichtsrathes i. P. und Direktionsmitgliedes der Gesellschaft der Musikfreunde Adolf Lorenz, im „Wiener Tagbl.“ v. 14. Okt. 1894, der unter anderen Dokumenten auch jenen „Lektionskatalog“ besitzt. Nach gegenwärtiger Ausdrucksweise bedeutet das angeführte Zeugniss beiläufig: „Sitten — ausgezeichnet; Religion — vorzüglich; lateinische Sprache — befriedigend; Geographie — befriedigend; Mathematik — befriedigend.

[42]) S. Eisenberg S. 39.

[43]) Nach persönlicher Familiennachricht. Vgl. auch Eisenberg S. 41.

[44]) Nach persönlicher Familiennachricht.

[45]) Ein hübsches Gedicht Julius Bauer's (anlässlich des Straussjubiläums 1894) schildert die Leiden des jungen Strauss, der schliesslich zum Herrgott geht, die Erlaubniss zum Musiziren zu erhalten. „Ei ja freilich — sagt er und hat g'lacht, — Zweg'n die Strässe hab' i d'Geigen g'macht!“ lautet die Pointe. (Centralbl. f. Instrumentalmusik, 1899, No. 24.)

[46]) Persönliche Familiennachricht.

[47]) Wenn Hanslick von den Märschen Strauss-Vaters irgendwo bemerkt, dass sie den „männlichen, kriegerischen Charakter vermissen lassen und bei glänzender Aeusserlichkeit meistens hüpfend und leichtfertig“ seien, so ist dieses nur eine im ausgesprochenen Wesen der Schaffensrichtung des Komponisten begründete Thatsache.

[48]) Er konzertirte in Prag, Dresden, Leipzig, Halle, Magdeburg, Braunschweig, Hannover Hamburg, Bremen, Oldenburg, Osnabrück, Münster, Düsseldorf, Amsterdam, Haag, Köln, Aachen Lüttich, Brüssel, Bern, Mainz, Frankfurt, Würzburg und Regensburg. Vgl. Kleinecke S. 12.

[49]) Die ältere der beiden aus Savigliano bei Turin gebürtigen Schwestern M., die als Wunderkinder (Violinduettistinnen) in Frankreich, England und Deutschland Aufsehen erregten; sie gab nach ihrer Verheirathung mit dem französischen Geniekapitän Parmentier 1857 ihr Wanderleben auf. Die jüngere Schwester Maria, geb. 1832, starb 1848 in Paris an der Schwindsucht.

[50]) Lanners talentvoller Sohn August Josef folgte ihm schon 1855 ins Grab; mit ihm ging ein ausgezeichneter Tanzkomponist, Violinist und Orchesterdirigent früh verloren.

[51]) Die erste Journalnachricht dieses Wortlautes findet sich in bescheidenster typographischer Ausstattung in der „Wiener Zeitung“ vom Donnerstag, 10. Oktober 1844, mit dem Zusatze:

— Eintrittskarten zu 20 Kr. Conv. M. sind in der K. K. Hof-Musikalienhandlung des Pietro Mechetti u. Co. und in Stierböcks Kaffehhaus in der Jägerzeil, in Gabesam's und Puth's Kaffehhäusern in Mariahilf zu bekommen. Eintrittspreis an der Cassa 30 Kr. C. M. Anfang 6 Uhr." (S. Neues Wiener Journal vom 14. Okt. 1894.)

[52]) Im Ritter v. Andräschen Hause in der Kumpfgasse, heute No. 11.

[53]) Jos. Drechsler, geb. 1782 zu Wällisch Birken (Böhmen), gest. 1852 zu Wien als Domkapellmeister; zuerst Korrepetitor an der Hofoper, dann Theaterkapellmeister in Baden, später Chorregent an mehreren Wiener Kirchen, dann wieder Kapellmeister am Leopoldstädter Theater, damals durch seine Musik zu Raimunds Stücken populär. Manche seiner Melodien („Brüderlein fein") gingen in den Volksmund über. Er schrieb zahlreiche Bühnen- und Kirchenkompositionen wie theoretische Lehrbücher.

[54]) Nach dem früher, Anmerkung 41 erwähnten Schreiben des O.-L.-G.-R. Lorenz.

[55]) Ebenda. Lorenz vertrat damals den späteren Vize-Hofkapellmeister Rotter, für ihn beim Hochamt die Orgel spielend, war also leicht in der Lage, Straussens Wissensdrang zu befriedigen.

[56]) Sie ist theilweise im „Illustr. Wiener Extrabl." vom 14. Oktober 1894 abgedruckt; mit einer bezüglichen Notiz aus der Feder des vorgenannten Gewährsmannes, der ausser dieser Kopie viele Straussche Kompositionen aus früherer Zeit aufgeschrieben hat, von denen manche seiner Zeit gedruckte nicht mehr zu beschaffen sind, wie z. B. die im Folgenden erwähnten „Ligourianerseufzer" (cit.).

[57]) Drechsler sagt in diesem Zeugniss (vom 9. Juli 1844), dass die Fortschritte des Schülers in der Kunst „nicht allein seinem Fleisse als auch seinem angeborenen Talente zuzuschreiben sind"; spricht von seiner leidenschaftlichen Vorliebe für das Studium und hegt den Wunsch, dass man dieses aufkeimende Talent so viel möglich unterstützen möge.

[58]) Die Zeugnisse, das mit Joh. Strauss beim Magistrate aufgenommene Protokoll, wie die Noten der Polizeidirektion theilt Eisenberg S. 46 ff. mit. — Wie sich Johann seine Licenz geholt und sie der bangenden Mutter bringt, dann den Verlauf des ersten Konzertes schildert in einer hübschen Erzählung „Seine Mutter" V. Chiavacci im „Wiener Tagblatt" vom 14. Oktober 1894.

[59]) Vgl. Anmerkung 51.

[60]) Ein Porträt des jungen Meisters aus dem Jahre 1844, nach einer Lithographie, brachte das „Ill. Wiener Extrabl." vom 14. Oktober 1894.

[61]) Bei dieser Gelegenheit sei erwähnt, dass der Sohn auch die Geige seines Vaters nach dessen Tode angekauft hat, die sich in pietätvoller Verwahrung der Familie befindet.

[62]) Bäuerlesche Theater-Zeitung.

[63]) Neues Wiener Journal vom 14. Oktober 1894.

[64]) Heute Gumpendorfer-Strasse, wo das Wohnhaus Lanners stand.

[65]) Neues Wiener Journal, 14. Oktober 1894.

[66]) Hier möchte ich einer rührenden Erzählung: „Die Resel vom Musikantenhaus (aus Joh. Strauss' jungen Tagen)" von Jul. Müller („Neues Wiener Journal" cit.) erwähnen: Joh. Strauss besucht — dies der Inhalt — am Tage nach dem Triumphe bei Dommayer seine dem Tode geweihte Jugendgespielin Reserl Streuber, die sich nach ihm und seinem Zauberspiele sehnt, und singt sie mit den Klängen seiner Geige sanft in den ewigen Schlaf.

[67]) S. Eisenberg S. 62 f. — Kleinecke zieht das Verhältniss zwischen Vater und Sohn überhaupt nicht in Betracht.

[68]) U. z. persönlicher Familiennachricht.

[69]) Josef Gungl (nicht Gunkl, wie Kleinecke und auch Eisenberg schreibt), geboren 1. Dezember 1810 in Zsambek (Ungarn), machte zuerst als österreichischer Kapellmeister, dann mit dem 1843 in Berlin gegründeten eigenen Orchester grosse Konzerttouren (1849 auch nach Amerika), auf denen er besonders effektvolle Tänze und Märsche („Ungarischer Marsch") eigener Komposition erfolgreich vorführte. 1850 Königl. Musikdirektor; 1858 wieder Militärkapellmeister in Brünn, lebte er dann seit 1864 in München (von wo aus er mit seiner Kapelle neuerdings ganz Europa durchzog und 1873 namentlich in London grossartigen Beifall fand), 1876 in Frankfurt a. M., zuletzt in Weimar, wo er am 31. Januar 1889 starb.

70) Es sind noch Bilder aus jener Zeit vorhanden, die jenes Zusammenwirken anschaulich darstellen (Eisenberg, 67).

71) In einem reizvollen Essay über den „Walzerkönig" (zum 50jährigen Dirigentenjubiläum von Joh. Strauss), „Gartenlaube 1894, S. 636 f.

72) S. Beilage zu No. 4211 der „Wiener Allgem. Ztg." vom 28. April 1892.

73) Ein sehr primitives Lokal mit Kaffeehaus, dort, wo heute der Schwanenteich sich befindet, etwa im Zentrum des Stadtparkes, zwischen Karolinen- und Stubenthorbrücke. Cit.

74) Letztgenannte beide Stücke existiren nicht mehr in der Oeffentlichkeit.

75) Damals sehr beliebte Repertoireoper des alten K. K. Hoftheaters am Kärnthnerthor.

76) Der cit. Artikel erwähnt unter den anwesenden vielfach vornehmen Gästen auch Goldmark und Haslinger. Das Entrée betrug nach heutiger Währung 25 kr.

77) Ungers Kasino in Hernals (der grösste Wiener Konzertgarten, 2000 Besucher fassend), und „Beim grossen Zeisig" (Burgglacis, jetzt Hôtel Höller) cit.

78) Hierzu ist nur zu bemerken, dass das Werkeverzeichniss nach den „Soldatenliedern" op. 242 noch neun Kompositionen anführt, somit die Gesammtzahl der im Druck erschienenen Werke des Meisters 251 beträgt.

79) Vom Verleger Haslinger und den Kapellmeistern Rheinisch und Fahrbach eigens zu diesem Anlass komponirt!

80) Ursprünglich von dem oben (Anmerkung 20) genannten Franz Gräffer angeregt.

81) Vgl. das bei Eisenberg S. 75 ff. wiedergegebene Gedicht Ed. Bauernfelds „Das Leben ein Tanz" (nach dem Titel des Walzeropus 49, „Das Leben ein Tanz, der Tanz ein Leben").

82) Montag: Dommayer; Dienstag und Freitag: Volksgarten; Mittwoch: „Grüner Zeisig"; Donnerstag: Valentins (nachmals Zobels) Bierhalle; Samstag: Engländer, Währingerstrasse; Sonntag: Ungers Kasino in Hernals (S. Eisenberg 81.)

83) S. Eisenberg, S. 82 ff.

84) Cit. III. 7.

85) In seiner Dankrede beim Bankett der Straussfeier am15. Oktober 1894 (s. „Fremdenblatt" vom 16. Oktober 1894.)

86) Vergleiche den oben Anmerkung 26 citirten Aufsatz Heubergers im „Wiener Tagblatt" vom 14. Oktober 1894.

87) Nach persönlicher Familiennachricht. Vgl. auch die kurze biographische Skizze im „Ill. Wr. Extrabl." vom 14. Oktober 1894. Eisenberg erwähnt zwar die vorgenannten Reisen des Meisters nicht, bemerkt vielmehr S. 99: „Den ersten Fahrten nach Steiermark, Ungarn und in die Balkanländer war ruhiges Wirken in der Vaterstadt gefolgt, bis der Ruf nach Petersburg ihn (den Meister) lockte."

88) Ihn charakterisirt das Bruchstück eines bei Eisenberg S. 86 f. mitgetheilten, edel stilisirten Briefes, mit dem er sich in seiner Verzweiflung an den Vater wendete, weil er glaubte, seinen „Gedanken und Meinungen auf diese Art besser Nachdruck geben zu können". „Ich fürchte" — so beginnt das im Besitze der Wittwe befindliche Fragment — „den Tod nicht, aber wer bürgt mir dafür, dass ich nicht das Unglück habe, ein Krüppel zu werden. Besteht doch noch wirklich der Ausweg, mich selbst zu ernähren, und so ein Leben voll Missmuth, ohne Freude, ohne Hoffnung dahinzuleben; Vater, eine solche Zukunft können und wollen Sie mir nicht bieten. Besser gleich den Tod suchen, als ein solches Bewusstsein mit sich nehmen. Lassen Sie mich doch, wo ich bin, lassen Sie mich, was ich bin; entreissen Sie mich nicht einem Leben, das mir mannigfaltige Freuden bringen kann, einem Leben voll Zufriedenheit, einem Stande, der auch die Achtung sich gewinnen macht. Stossen Sie mich nicht in jenes unstäte, rauhe, allen Sinn für das Menschliche zerstörende Treiben hinaus, zu dem ich nicht tauge, zu dem ich nicht geboren bin."

89) Vgl. das „Werkeverzeichniss".

90) Siehe Eisenberg, 93.

91) Für Wien in „Krapfenwaldel" umgetauft und auch nur unter dieser Bezeichnung im „Werkeverzeichniss" angeführt.

92) Nach persönlichen Familiennachrichten. Vgl. auch Eisenberg, S. 124.

93) Die späteren Verleger der Werke Joh. Strauss' waren nach Mechetti, Müller, Wessely (Kratochwill) und Haslinger: Spina, Schreiber, Cranz, Simrock, Lewy, zuletzt Ernst Keil („Gartenlaube"), Berté, Bock, Seeling und Lerch. Vgl. Anm. 36

94) Vgl. das „Werkeverzeichniss" (bisher 295 Opuszahlen).

95) Nach Aufzeichnungen des Besitzers einer Sammlung von Handschriften, Zeitungsausschnitten etc. aus der Altwienerzeit, Benedikt Pfleger in Wien, ehemals Kontrabassist in den Orchestern der Brüder Strauss, der namentlich alles auf die Familien Strauss-Lanner Bezügliche mit grossem Fleisse zusammentrug („Neues Wiener Journal" vom 24. Oktober 1894). Eisenberg S. 95 verlegt obiges Konzert in das Jahr 1859.

96) S. Eisenberg, 120 ff.

97) Der Ehe entspross am 27. März 1858 eine Tochter, Karoline.

98) Nicht 1864, wie Eisenberg irrthümlich S. 111 anführt.

99) Aus der Autographensammlung des Herrn Fritz Donebauer in Prag durch diesen dem Verfasser liebenswürdig zur Verfügung gestellt.

100) Ein Wort, das an den Ausspruch Schumanns (Ges. Schriften, cit. II. 26) gemahnt „Gepriesen seien die Meister — von Beethoven bis zu Strauss (Vater), jeder in seiner Weise!"

101) Vergl. die Beschreibung bei Eisenberg 110.

102) Es lautete: Wiener, seid froh! — Oho, wieso? — Ein Schimmer des Lichts — Wir sehen noch nichts. — Der Fasching ist da — Ach so, na ja — Was hilft denn das Trauern — Und das Bedauern? — Drum froh und heiter seid! u. s. w. in Grazie.

103) Siehe „Johann Strauss" von Omega, „Neues Pester Journal" No. 285, 1894. — Vergl. auch Eisenberg, 130 f.

104) S. Erinnerungen. Von Friedr. Uhl. VI. „Fremdenbl." No. 3, 1892.

105) Von Ferdinand Dulcken für Klavier eingerichtet.

106) D. G. D'Auvergne im „Paris Magazine", das die Figaropolka brachte.

107) „An unvergesslichen Abenden, — schreibt der mehrfach erwähnte O. L. G. R. Lorenz — theils in unseren Familien, theils in der Kanzlei des Männergesangvereins, in der Ritterschaft „Zum funkelnden Tropfen" haben wir der Göttin Musika im Verein mit Joh. Herbeck, Jul. Epstein u. a. Vortrefflichen gehuldigt."

108) Eisenberg, 142 ff.

109) Vgl. Eisenberg, 104.

110) Cit. 117.

111) Dieses Datum auf Grund persönlicher Familiennachrichten, gegenüber der Angabe des 22. Juli in Riemanns Mus.-Lex. und Eisenberg (152).

112) Eisenberg widerlegt in dankenswerther und detaillirter Weise (S. 147 ff. seines Buches) das noch bis zur Gegenwart verbreitete Gerücht, dass Joseph einem Renkontre mit russischen Offizieren zum Opfer gefallen sei, wie das sonderbare Märchen, die unglückliche Wittwe habe nur eine Wachspuppe aufbahren lassen.

113) Hier ward auch bald nachher Tante Waber, die den Tod ihres Lieblingsneffen nicht lange überlebte, bestattet.

114) Seit 1886 verheirathet mit Kaufmann Aigner. S. Eisenberg 154. Vgl. Anm. 97.

115) Strauss wurde bei diesem Anlasse durch den Kaiser mit dem Franz-Josophs-Orden ausgezeichnet.

116) Franz v. Suppé (1820—1895), der Nestor der Wiener Operettenkomponisten, hatte damals (— 1870) als Kapellmeister des Theaters in der Leopoldstadt namentlich mit den flotten Werken „Zehn Mädchen und kein Mann", „Flotte Bursche", „Die schöne Galathea" reussirt, die grössten Erfolge aber erst später mit „Fatinitza (1876) und „Bocaccio" (1879) errungen.

117) Braun veröffentlichte zehn Jahre später den bearbeiteten Stoff als humoristischen Roman in dem von ihm herausgegebenen Witzblatte „Wiener Karrikaturen" (Eisenberg, 158).

118) Zuerst „Indigo", dann „Ali Baba", „Fantaska" und zuletzt wieder „Indigo und die 40 Räuber" genannt.

119) „Die Agiotage für Sitze zur ersten Vorstellung stand in vollster Blüthe; die Direktion musste die grosse Fremdenloge in zwei Privatlogen umwandeln. Das Haus bot an diesem

Abend einen ganz eigenthümlichen Anblick. Die Schriftsteller und Journalisten Wiens, die bedeutendsten Komponisten und Musiker, die unbeschäftigten Künstler aller Theater, sie hatten sich eingefunden, und der Direktor des k. k. Hofoperntheaters, Hofkapellmeister Herbeck, der keinen Platz im Zuschauerraume gefunden hatte, folgte der Aufführung auf einem improvisirten Sitze im Orchester." Speidel im Referate vom 12. Februar 1871 („Fremdenblatt").

[120]) Vgl. den Klavierauszug bei Aug. Cranz, Leipzig.

[121]) Vgl. das vorerwähnte begeisterte Referat Speidels (bei Eisenberg, S. 161 f.)

[122]) 100000 Dollars, dazu freie Ueberfahrt und Verpflegung während des ganzen Aufenthaltes für Strauss, seine Frau, Kammerjungfer und Diener waren die angenehme Lockung.

[123]) S. Eisenberg, S. 169.

[124]) Vgl. den Klavierauszug bei Aug. Cranz.

[125]) Die Preise der Plätze waren unerhört in die Höhe geschraubt, 100 fl. wurden für eine Loge gezahlt. Eisenberg, 172.

[126]) Vgl. Speidels Referat im „Fremdenblatt" vom 2. März 1873 (bei Eisenberg S. 174 f. mitgetheilt).

[127]) Eduard Strauss hatte nach Josephs Tode das Orchester bedeutend verstärkt und neu organisirt (vgl. Eisenberg, S. 177); der Erfolg der vornehmen Konzerte des „schönen Edi" im grossen Musikvereinssaal, wie seiner Kunstreisen gehört noch der Gegenwart an.

[128]) Aus einem Berichte der „N. fr. Presse" vom 7. April 1873 (bei Eisenberg, S. 178 f. mitgetheilt).

[129]) Hier sei ausdrücklich bemerkt, dass sich der Meister das Orchesterarrangement der aus den Bühnenwerken stammenden Tanzkompositionen laut Vertrag selbst vorbehielt und durchführte; während die Klavierauszüge auch der Operetten, die er stets nur in Partitur niederschrieb, von Andern (z. B. Alfr. Oelschlegel) besorgt wurden.

[130]) Die Mitarbeiterschaft Genées (geb. 1823 in Danzig, von 1848—67 in Reval, Riga, Köln und verschiedenen anderen grösseren deutschen Städten, kam 1868 von Prag an das Theater a. d. Wien) erstreckte sich selbstredend nur auf die textliche Formirung und es muss energisch ein für allemal dementirt werden, dass er oder ein Anderer dem Meister ein Helfer in musikalischen Dingen selbst wurde. Eben weil G. selbst praktischer Musiker war, kannte er genau die Bedüfnisse eines Komponisten und wusste ihm (er arbeitete auch für Suppé und Millöcker) so den Text formentsprechend zu unterbreiten oder zu ändern.

[131]) S. „Neue Musik-Zeitung" 1887, S. 58.

[132]) Vgl. den „Text der Gesänge zu Die Fledermaus". Lewy, Wien.

[133]) „Zum Strauss-Jubiläum" in der „Presse" vom 15. Oktober 1884.

[134]) Vgl. den Klavierauszug bei Aug. Cranz, wo, persönlicher Familiennachricht zufolge, demnächst auch die Partitur des Werkes im Stiche erscheinen soll.

[135]) Carl Ed. Schelle, 1816—1882, seit 1864 in Wien als Musikreferent der Nachfolger Hanslicks in der „Presse", welche Stellung er bis zu seinem Tode mit grosser Unparteilichkeit führte (vgl. Riemann), weshalb seine stets gerecht als warm anerkennenden Urtheile über Strauss von grossem Werthe sind.

[136]) Dr. Batka in seiner Kritik der Prager Jubiläumsvorstellung der „Fledermaus". Bohemia vom 4. April 1899.

[137]) Berlin beging das 50jährige Künstlerjubiläum des Meisters 1894 bereits mit der 600. Aufführung der „Fledermaus", und am 27. September 1899 fand die 100. Vorstellung im Berliner Hofopernhause statt. Die Wiener Hofoper beeilte sich, dieses Kassastück Ende August 1899 die letzten Male durch sechs Abende hindurch (zum Schaden der Gesammtwirkung) zu wiederholen, da J. Strauss kurz vor seinem Tode das Aufführungsrecht der Operetten „Eine Nacht in Venedig", „Zigeunerbaron" und „Fledermaus" gegen Zusicherung des Fortbestandes der für diese Werke geltenden Tantièmen und Benefizbestimmungen sowie unter der Bedingung dem Theater a. d. Wien eingeräumt hatte, dass jedes dieser Werke mindestens dreimal jährlich in diesem Theater in Szene gehe, welche Bestimmungen mit 1. September 1899 in Kraft traten.

[138]) „Sonst hört man in ganz Italien Wiener Musik! Hat Wien früher viel Freude durch italienische Musik gehabt, so zahlt es diesen Genuss jetzt reichlich durch Strauss zurück" schreibt Billroth in einem Briefe an Hanslick.

[139]) Vgl. den Klavierauszug bei Aug. Cranz.

[140]) Vgl. die fleissig zusammengestellten Listen bei Eisenberg.

[141]) Man zahlte 80—100 Frs. für einen Fauteuil d'orchestre.

[142]) Hanslick „Musikalische Briefe aus Paris". „N. fr. Presse" 1875, No. 3859.

[143]) In Italien gab man die „Fledermaus" unter dem Namen „L'orgia".

[144]) Vgl. Riemanns Opernhandbuch.

[145]) Albert Wolff feierte ihn im „Figaro" mit einer seiner Causerien.

[146]) S. den unter Anm. 35 cit. Artikel.

[147]) Gleichzeitig mit der bekannten „I-Tipferl"-Polka, deren populär gewordene Melodie ihm Tags vorher während der Wagenfahrt aus der Probe nach Hietzing eingefallen war. S. Eisenberg, 200.

[148]) Vgl. den Klavierauszug bei Aug. Cranz.

[149]) Vgl. den Artikel „Olivier Métra, der französische Strauss" in der „N. Mus.-Ztg." 1889, S. 270 f. Métra (1830—89) hatte sich namentlich durch den „Freiwilligen-Marsch" und den „Rosenwalzer" in Frankreich und Belgien populär gemacht. (Vgl. auch Riemann.)

[150]) Vgl. die ausführliche Darstellung der einzelnen Kampfesphasen bei Eisenberg, S. 206 f.

[151]) Des Meisters zweite Frau war die Sängerin Angelica Dittrich.

[152]) Das Werk verschwand rasch vom Repertoire und ging als Eintagsfliege nur noch über sieben andere Bühnen (vgl. Eisenberg 214); der Rest waren die Einzelerscheinungen daraus op. 381—384.

[153]) Vgl. den Klavierauszug bei Aug. Cranz.

[154]) Vgl. den Essay Paul Lindaus über Joh. Strauss im „Wiener Abendkorso" 1894, No. 129.

[155]) Die Walzermelodie „Nur für Natur" schrieb Joh. Strauss in Ermangelung eines andern Papiers auf eine ihm von der Frau rettend dargereichte Hundertguldennote nieder; doch ist die Schilderung des Vorganges, wie sie aus dem „Neuen Wiener Tagbl." in Eisenbergs Biographie (S. 219 f.) überging, zweifellos übertrieben.

[156]) Nicht Bianca Bianchi, wie Eisenberg S. 217 berichtet.

[157]) Vgl. den Bericht des „Fremdenbl." vom 23. April 1898 über eine Aufführung der Sembrich-Stagione im Karltheater vom 22. April 1898. In der Klavierszene sang die Diva (in Anwesenheit des Komponisten) die „Frühlingsstimmen", „die sie gleich mit dem ersten leicht beschwingten Motiv lerchenhaft aufsteigen liess und mit untermischten Trillern und einem wunderbaren Staccato auf der Höhe hielt", dass nicht endenwollender Beifall erscholl.

[158]) Vgl. das „Die Frühlingsstimmen" verherrlichende, stimmungsvolle Gedicht Ludwig Ganghofers als Vorwort seines dem Meister gewidmeten Buches.

[159]) Als Grund der unfreundlichen Aufnahme des Werkes in Berlin führt Eisenberg (229) die Verstimmung der Literaturkreise über die unliebenswürdige Kritik des neueröffneten „Deutschen Theaters" seitens der Wiener Presse an; in der kleinen biographischen Skizze über J. Strauss in der „N. M.-Ztg." 1884, S. 250 wird der „unschicklichen Reklame des Wiener Theaterdirektors" und dem Libretto die Schuld beigemessen. Bösen Eindruck rief bei der Berliner Aufführung namentlich auch Caramellos Walzer (3. Akt, „Ach, wie so herrlich zu schauen") hervor, dem dort ein anderer Text verhängnissvoll wurde, darin zärtlich „miauende Katzen" nachgeahmt wurden; merkwürdiger Weise soll dem Komponisten zu diesem Walzermotiv thatsächlich das Liebesgirren der Katzen den Grundton gegeben haben, ähnlich wie ihn eines Abends im Parke seiner Schönauer Besitzung das Froschgequak vom nahen Teich her zur Chormelodie des 1. Finales inspirirte (s. Eisenberg 229). Eine ausgesprochene Neigung des Komponisten, den Stimmen der Natur seine Melodien abzulauschen, vermögen wir darin gleichwohl nicht zu erblicken.

[160]) Vgl. den Klavierauszug bei Aug. Cranz und die Einzelerscheinungen op. 411—416.

[161]) So z. B. Fr. Jos. Brackl „Von und über Joh. Strauss", „Allgem. Kunstchronik" 1894 S. 617, der sich erlaubt, als Beispiel für das „mitunter zerfahrene Aussehen der Ensemblenummern", woran „die Zettelchenmosaik" wie Herr B. sagt, Schuld sei, das — 1. Finale aus dem „Spitzentuch" hinzustellen, das uns nur als eine der gelungensten Nummern des schönen Werkes bekannt ist und auch zur konzertanten Aufführung ausersehen wurde. Für den hin und wieder unmotivirten Aufbau eines Finale waren eben, wie Herr B. selbst zugiebt, die unmusikalischen Librettisten verantwortlich, denen dann post festum Genée als Retter gesendet wurde;

wenn aber Herr B. in seinem obcit., stilistisch selbst sehr an „die Zettelchenmosaik“ gemahnenden Artikel meint, dass Strauss „unsanglich“ geschrieben habe, glauben wir gerne, dass manche Operettensänger derlei eben nicht singen konnten — wegen ihrer mangelhaften Schule, oder Stimmlosigkeit.

162) So komponirte er z. B. den Endreim des „Trüffelcouplet“ („Spitzentuch“) zwölf Mal, bis er die letzte Form beibehielt, während er alle anderen nicht minder reizvollen Motive verwarf.

163) Dr. Batka in seiner Kritik der Prager „Fledermausaufführung“ zur Todtenfeier am 25. Juni 1899, „Bohemia“, No. 176.

164) Hanslick sagt gelegentlich der Besprechung des „Lust. Krieg“ von den beiden Nummern Elses (1. Akt), sie zeigten, „was Strauss im Ausdruck des Einfach-Gemüthvollen, Zarten und Herzlichen zu leisten vermag, wenn Sänger, Direktoren und Verleger ihm gestatten, zeitweilig den „Walzerfürsten“ zu verleugnen und ausnahmsweise auch zu empfinden, wie andere, bürgerliche Komponisten.“ Aber sprachen denn nicht etwa seine Walzer selber schon in jenen Herzenstönen zu uns?

165) Das Diplom theilt Eisenberg S. 238 bei Beschreibung der Jubiläumsfeierlichkeiten mit.

166) Erzherzog Johann (Joh. Orth), nahm die Mithilfe des Meisters bei Komposition und Herausgabe einiger Walzerversuche in Anspruch; ein unendlich liebenswürdiges Dankschreiben des Erzherzogs an Strauss in solcher Angelegenheit bringt Eisenberg S. 260.

167) „Schan“, hier doppelsinniger Wiener Ausdruck für „Genre“ und „Jean“ zugleich.

168) Durch den Machtspruch des Herzogs Ernst.

169) Freiherr von Berger in seinem Toaste auf den Meister beim Festbankett am 16. Oktober 1894.

170) Siehe den oben unter Anmerk. 35 citirten Artikel.

171) Persönl. Familiennachricht.

172) Vgl. Max Kalbeck „Opernabende“ (Berlin, „Harmonie“). S. 187.

173) Vgl. den Klavierauszug bei A. Cranz und die Einzelerscheinungen op. 417—422.

174) S. Eisenberg 271.

175) Ursprünglich für Alfred Zamara zur Komposition bestimmt, dem es Léon ohne Wissen Strauss' wegnahm, als es diesem bei gelegentlicher Erzählung gefiel. Die gegenteilige Darstellung bei Eisenberg 276 ist irrig.

176) Gerhard Ramberg in seinem bereits Anm. 71) erwähnten Essay. Die Panik, auf das Anbrennen der Hutfeder eines Choristen und den dadurch entstandenen Brandgeruch zurückgeführt, stand in eigenthümlichem Zusammenhange mit einer durch eine Oppositionspartei hervorgerufenen fieberhaft aufgeregten Stimmung und einer schon zu Beginn der Vorstellung störenden Unruhe auf der Gallerie und im Stehparterre. Vgl. den Bericht im „Wiener Tagblatt“ vom 18. Dezember 1887.

177) Viktor Tilgner, der 1896 † Schöpfer des Wiener Mozartdenkmals, eine unserem Strauss ähnliche, kindlich naive Künstlerseele, war gleichfalls an einem 25. Oktober geboren. Ueber das Freundschaftsverhältniss Beider s. den Artikel „Zwei grosse Geburtstagskinder“ von Heinr. Glücksmann in der Beilage der „Wiener Allgemeinen Zeitung“ vom 25. Oktober 1894.

178) Persönliche Familiennachricht. Einer falschen Auslegung jenes Gerüchtes entgegentretend erklärte Strauss 1890 in der „N. F. P.“, dass er nie daran gedacht habe, an seinen (früheren) Walzern in Satz und Tempo irgend etwas zu ändern. S. Neue Mus.-Z. 1890, S. 71 und 84.

179) Die sich sehr nöthig erwies, „weil Vater Strauss seine Quinten, Oktaven und Querstände ohne Gewissensbisse niederschrieb.“ (Vgl. den Artikel „Schönau“ von Max Kalbeck im N. Wr. Tgbl. vom 24. Juni 1888). Wie anders der Sohn!

180) Vgl. „Centralbl. f. Instrumentalmusik“. 1899, S. 546.

181) In der N. Mus.-Ztg. 1892, S. 139.

182) Vgl. den Klavierauszug bei N. Simrock.

183) Die Partiturskizze war im Besitze von Brahms. Vgl. den Fachkatalog der Ausstellung für Musik und Theaterwesen, Wien, 1892, 472, 123.

184) „Musikalische Essays“ von Paul Marsop, Berlin, Hofmann & Co. 1899.

185) S. den oben Anm. 103) cit. Artikel.

186) Dass Doczi selbst die Mängel seiner Dichtung willig zugab, sagt uns das humoristische Begleitschreiben des Dichters, mit dem er dem Meister zum 50jährigen Jubiläum eine „Glückwunsch-Torte“ sendete, auf der die Figur „Ritter Pázmáns“ prangte: „diesmal ist dem Ritter Pázmán ein geniessbarer Text unterlegt von — Demel, nicht von mir!“

187) Vgl. die mitgetheilte Illustration aus dem „Neuigkeitsweltblatt“ vom 14. Oktober 1894.

188) S. den Anm. 161 erwähnten Artikel.

189) „Am Ende des Jahrhunderts“. Berlin 1899, S. 100.

190) Vgl. das „Fremdenbl.“ vom 15. Oktober 1894.

191) „Fremdenbl.“ vom 15. Oktober 1894.

192) S. „Fremdenblatt“ vom 15. Oktober 1894.

193) Darunter eine aus Prag mit tausend Unterschriften.

194) In Hopfners, vormals Dommayers Kasino in Hietzing, an der Stätte des ersten Debuts von Johann Strauss, spielte eine Militär-Kapelle einige Nummern aus jenem ersten Strausskonzerte.

195) Einige Wiener Journale, so das „Neue Wr. Tagbl.“, das „Wr. Journal“ u. a. widmeten der Persönlichkeit des Gefeierten selbst ihren Leitartikel.

196) „Fremdenblatt“ vom 16. Oktober 1894.

197) Vgl. „Die Tarockpartie bei Joh. Strauss“ mit Bild (nach einem Aquarell von Th. Zajaczkowsky, Strauss, Jul. Bauer, Fabrikant Simon, und die zum Aufbruch mahnende Gattin des Meisters darstellend) im „Ill. Wr. Extrabl.“ vom 14. Oktober 1894.

198) „Aber noch ein anderes Ruhmesblatt schmückt unseren Meister: das lebhafte Mitgefühl für die Armen, denn die Muse seiner Kunst hat nicht nur der Erheiterung von Geist und Gemüth, sie hat in zahllosen Fällen auch der Humanität gedient und wurde dann stets die Quelle reichlicher Hilfe für Noth und Elend“ heisst es in dem Diplom. Vgl. auch den Nachruf in der „Pressburger Ztg.“ vom 5. Juni 1899: „In Pressburg — wohin Joh. Strauss schon Ende der vierziger Jahre gekommen war — (er spielte in der Redoute) — dirigirte er am 23. November 1888 selbstlos ohne irgend eine Kostenfrage nur aufzuwerfen zu Gunsten des städtischen Armenfonds die „Fledermaus.“

199) In den sechziger Jahren nahm Strauss sogar bei dem österreichischen Maler Hlawaczek Unterricht. Eisenberg 318.

200) Eisenberg 331.

201 vergl. den Anm. 179 cit. Artikel Max Kalbecks.

202) Aus der Zeitschriften-Literatur, die das Ableben des Walzerkönigs hervorrief, erwähne ich: den Leitartikel des „Fremdenbl.“ (Ferd. Gross) v. 4. Juni 1899 und den gehaltvollen Essay Dr. Wilh. Kienzls in „Bühne und Welt“ No. 24. Aus der früheren Straussliteratur seien hier nachholend hervorgehoben: der Artikel Chiavaccis in „Ueber Land und Meer“ v. Okt. 1895; „Le Cinquantenaire de Joh. Strauss“, le Menestrel 21. Okt. 1894. Ferner „Die Walzerdynastie“, Plauderei über musikal. Sitten und Tänze von Alfr. Szepánski, „Wiener Mode“ 1893, Sep.-Abdruck.

203) Im „N. Wr. Tagl.“ vom 2. September 1899 mitgetheilt.

204) Die Häuser No. 4 und 6 Igelgasse, zwei Häuser in der Laudongasse, zwei Häuser in der Moosgasse, sowie die Hälfte der Ischler Villa.

205) Zu einer am 26. Oktober 1899 zuerst im Karltheater aufgeführten Opperette „Wiener Blut“ wurden Schöpfungen des Meisters, die seinen Weltruhm begründen halfen, bisher aber noch keine bühnenmässige Verwendung fanden, über einen Text von V. Léon und Leo Stein durch Kapellmeister A. Müller eingerichtet. („N. Wr. Tgl.“ vom 26. September 1899).

ANHANG II.

Verzeichniss der Werke von Johann Strauss Vater.*)

Op.
1. Täuberln-Walzer.
2. Döblinger Reunion-Walzer.
3. Wiener Karneval-Walzer.
4. Kettenbrücke-Walzer. No. 1.
5. Gesellschafts-Walzer.
6. Wiener Launen-Walzer.
7. Alpenkönig-Galopp.
8. Champagner-Galopp.
9. Seufzer-Galopp.
10. Tempête. Polstertanz und Galoppade.
11. Walzer (à la Paganini).
12. Krapfen-Wald'l-Walzer.
13. Trompeten-Walzer.
14. Champagner-Walzer.
15. Erinnerungs-Walzer.
16. Fort nach einander! Walzer.
17. Gesellschafts-Galopp.
18. Lustlager-Walzer.
19. Kettenbrücke-Walzer. No. 2.
20. Chinesen-Galopp.
21. Karolinen- und Kettenbrücke-Galopp.
22. Es ist nur ein Wien! Walzer.
23. Josefstädter Tänze.
24. Hietzinger Reunion-Walzer.
25. Der unzusammenhängende Zusammenhang. Potp. (Schlesinger, Berlin.)

Op.
26. Frohsinn im Gebirge. Walzer.
27. Erinnerungs-Galopp.
28. Hirten-Galopp.
29. Wettrennen- und Wilhelm Tell-Galopp.
30. Sperls Fest-Walzer.
31. Des Verfassers beste Laune. Charmant-Walzer.
32. Cotillons aus: Die Stumme von Portici.
33. Benefiz-Walzer.
34. Gute Meinung für die Tanzlust. Walzer.
35. Einzugs-Galopp.
36. Ungarische Galoppe.
37. Wiener Tags-Belustigung. Potp. (Schles.)
38. Souvenir de Baden. Walzer.
39. Wiener Tivoli-Rutsch-Walzer.
40. Wiener Damen-Walzer.
41. Fra Diavolo-Cotillons.
42. Sperl-Galopp.
43. Der Raub der Sabinerinnen. Walzer.
44. Contre-Tänze.
45. Tivoli-Freudenfest-Walzer.
46. Musikalisches Ragout. Potp. (Schles.)
47. Vive la Danse! Walzer.
48. Heiter auch in ernster Zeit! Walzer.
49. Das Leben ein Tanz, der Tanz ein Leben. Walzer.

*) Vgl. die Gesammtausgabe bei Breitkopf und Härtel, Leipzig (herausgegeben von Joh. Strauss Sohn) und die Ausgaben der Collection Litolff und der Edition Peters.

Op.

50. Cotillons aus: Die Unbekannte.
51. Hofball-Tänze.
52. Bajaderen-Galopp.
53. Bajaderen-Walzer.
54. Contre-Tänze.
55. Ein Strauss von Strauss. Potp .(Schles.)
56. Alexandra-Walzer.
57. Zampa-Walzer.
58. Mein schönster Tag in Baden. Walzer.
59. Die vier Temperamente. Walzer.
60. Carnevals-Spende. Walzez.
61. Tausendsapperment-Walzer.
62. { Zampa- und Montecchi-Galopp.
63. Frohsinn mein Ziel. Walzer.
64. Robert-Tänze aus Robert der Teufel.
65. Mittel gegen den Schlaf. Walzer.
66. Erinnerung an Pest. Walzer.
67. Erste Walzer-Guirlande.
68. Gabrielen-Walzer.
69. Fortuna-Galopp.
70. Pfennig-Walzer.
71. Elisabethen-Walzer.
72. Cotillons aus: Der Zweikampf.
73. Original-Parade-Marsch.
74. Venetianer Galopp.
75. Iris-Walzer.
76. Rosa-Walzer.
77. Zweite Walzer-Guirlande.
78. Erinnerung an Berlin. Walzer.
79. Gedanken-Striche. Walzer.
80. Huldigungs-Walzer.
81. Grazien-Tänze.
82. Philomelen-Walzer.
83. Merkurs-Flügel. Walzer.
84. Heimath-Klänge. Walzer.
85. Reise-Galopp.
86. Ballnacht-Galopp.
87. Erinnerung an Deutschland. Walzer.
88. Die Nachtwandler. Walzer.
89. Eisenbahn-Lust-Walzer.
90. Jugendfeuer-Galopp.
91. Krönungs-Walzer.
92. Cotillons aus: Die Hugenotten.
93. Galopp aus: Die Hugenotten.
94. Künstlerball-Tänze.
95. Brüssler Spitzen. Walzer.
96. Ball-Raketen. Walzer.
97. Cachucha-Galopp.
98. Pilger am Rhein. Walzer.
99. Bankett-Tänze.
100. Der Karneval in Paris. Walzer.
101. Paris. Walzer

Op.

102. Original-Parademarsch.
103. Huldigung der Königin Viktoria. Walzer.
104. Boulogner- Galopp.
105. Freuden-Grüsse. Walzer.
106. Musikalischer Telegraph. Potp. (Schles.)
107. Versailler Galopp.
108. Gitana-Galopp.
109. Exotische Pflanzen. Walzer.
110. Taglioni-Walzer.
111. Indianer-Galopp.
112. Londoner Saison-Walzer.
113. Die Berggeister. Walzer.
114. Furioso-Galopp.
115. Rosenblätter. Walzer.
116. Wiener Gemüths-Walzer.
117. Ghibellinen-Walzer.
118. Myrthen. Walzer.
119. Tanz-Rezepte. Walzer.
120. Cäcilien-Walzer.
121. Dritte Walzer-Guirlande.
122. Palm-Zweige. Walzer.
123. Amors-Pfeile. Walzer.
124. Wiener Karnevals-Quadrille.
125. Elektrische Funken. Walzer.
126. Erinnerung an Ernst, oder: Der Karneval von Venedig. (Schles.)
127. Deutsche Lust, oder: Donaulieder ohne Text. Walzer.
128. Apollo-Walzer.
129. Adelaiden-Walzer.
130. Jubel-Quadrille. Walzer.
131. Die Wettrenner. Walzer.
132. Die Debutanten. Walzer.
133. Sperl-Polka.
134. Egerien-Tänze. Walzer.
135. Die Tanzmeister. Walzer.
136. Stadt- u. Landleben. Walzer.
137. Annen-Polka.
138. Mode-Quadrille.
139. Die Fantasten. Walzer.
140. Musikverein-Tänze. Walzer.
141. Die Minnesänger. Walzer.
142. Haute-volée-Quadrille.
143. Latonen-Walzer.
144. Parademarsch.
145. Minos-Klänge. Walzer.
146. Die Lustwandler. Walzer.
147. Walhalla-Toaste. Walzer.
148. Saison-Quadrille.
149. Die Dämonen, Walzer.
150. Künstlerball-Tänze. Walzer.
151. Quadrille zur Namensfeier Kaiser Ferdinands.

Op.

152. Tanz-Caprizen. Walzer.
153. Quadrille zur Namensfeier der Kaiserin Maria Anna.
154. Loreley-Rheinklänge. Walzer.
155. Brüder Lustig. Walzer.
156. Asträa-Tänze.
157. Volksgarten-Quadrille.
158. Redoute-Quadrille.
159. Nur Leben! Walzer.
160. Waldfräuleins Hochzeits-Tänze.
161. Salon-Polka.
162. Orpheus-Quadrille.
163. Frohsinns-Salven. Walzer.
164. Aurora-Fest-Klänge. Walzer.
165. Fest-Quadrille.
166. Rosen ohne Dornen. Walzer.
167. Wiener Früchteln. Walzer.
168. Willkommen-Rufe. Walzer.
169. Haimonskinder-Quadrille.
170. Masken-Lieder. Walzer.
171. Eunomien-Tänze. Walzer.
172. Odeon-Tänze. Walzer.
173. Marianka-Polka.
174. Musen-Quadrille.
175. Faschings-Possen. Walzer.
176. Geheimnisse aus der Wiener Tanzwelt. Walzer.
177. Flora-Quadrille.
178. Stradella-Quadrille.
179. Oesterreichische Jubelklänge. Walzer.
180. Sommernachts-Träume. Walzer.
181. Heitere Lebensbilder. Walzer.
182. Die Landjunker. Walzer.
183. Amoretten-Quadrille.
184. Concordia-Tänze.
185. Sofien-Tänze.
186. Moldau-Klänge. Walzer.
187. Konzert Souvenir-Quadrille.
188. Oesterreichischer Festmarsch.
189. Die Vortänzer. Walzer.
190. Epigonen-Tänze.
191. Zigeuner-Quadrille.
192. Esmeralda-Marsch.
193. Fest-Lieder. Walzer.
194. Eldorado-Quadrille.
195. Die Unbedeutenden. Walzer.
196. Charivari-Quadrille.
197. Bouquets. Walzer.
198. Ländlich, sittlich. Walzer.
199. Neujahrs-Polka.
200. Souvenir-de Carneval 1847. Quadrille.
201. Themisklänge. Walzer.
202. Eisele- und Beisele-Sprünge. Polka.

Op.

203. Herz-Töne. Walzer.
204. Helenen-Walzer.
205. Triumph-Quadrille.
206. Najaden-Quadrille.
207. Schwedische Lieder. Walzer.
208. Die Schwalben. Walzer.
209. Oesterreichischer Defilir-Marsch.
210. Kathinka-Polka.
211. Quadrille aus: Des Teufels Antheil.
212. Marien-Walzer.
213. Feldbleameln. Walzer.
214. Nádor-Kör. Palatinal-Tanz.
215. Martha-Quadrille.
216. Die Adepten. Walzer.
217. Schäfer-Quadrille.
218. Tanz-Signale. Walzer.
219. Fortuna-Polka.
220. Wiener Kreuzer-Polka.
221. National-Garden-Marsch.
222. Aeaciden-Walzer.
223. Marsch der Studentenlegion.
224. Amphion-Klänge. Techniker-Ball-Tänze. Walzer.
225. Aether-Träume. Mediciner-Ball-Tänze. Walzer.
226. Freiheits-Marsch.
227. Marsch des einigen Deutschlands. Militär-Marsch.
228. Radetzky-Marsch.
229. Quadrille im militärischen Styl.
230. Sorgenbrecher. Walzer.
231. Brünner-National-Garde-Marsch.
232. Landesfarben. Walzer.
233. Huldigungs-Quadrille.
234. Louisen-Quadrille.
235. Piefke- und Pufke-Polka.
236. Damen-Souvenir-Polka.
237. Des Wanderers Lebewohl. Walzer.
238. Alice-Polka.
239. Frederika-Polka.
240. 2 Märsche für die spanische Nobelgarde.
241. Die Friedensboten. Walzer.
242. Soldaten-Lieder. Walzer.
243. Almacks-Quadrille.
244. Jellacic-Marsch.
245. Wiener Jubelmarsch.
246. Wiener Stadt-Gardemarsch.
247. Deutsche Jubellaute. Walzer.
248. Quadrille ohne Titel.
249. Exeter-Polka.
250. Fliegende Blätter. Potpourri. (Schles.)
251. Melodische Tändeleien. Fantasie über Willmer's: Pompa di festa. (Schles.)

Verzeichniss der Werke von Johann Strauss Sohn.

Konzertmusik.

(Walzer, Polkas, Quadrillen, Polonaisen, Märsche, Phantasieen.)

Aug. Cranz, Leipzig:

Op.
1. Sinngedichte. Walzer.
2. Debut-Quadrille.
3. Herzenslust. Polka.
4. Gunstwerber. Walzer.
5. Serailtänze. Walzer.
6. Cytheren-Quadrille.
7. Die jungen Wiener. Walzer.
8. Patriotenmarsch.
9. Amazonen-Quadrille.
10. Liebesbrunnen-Quadrille.
11. Faschingslieder. Walzer.
12. Jugendträume. Walzer.
13. Czechen-Polka.
14. Serben-Quadrille.
15. Sträusschen. Walzer.
16. Elfen-Quadrille.
17. Jux-Polka.

Kratochwill, Wien:

18. Berglieder. Walzer.
19. Dämonen-Quadrille.
20. Austria-Marsch.
21. Lind-Gesänge. Walzer.
22. Die Oesterreicher. Walzer.
23. Pester Csárdás.
24. Zigeunerin-Quadrille.
25. Zeitgeister. Walzer.
26. Fidelen-Polka.
27. Die Sanguiniker.Walzer.
28. Hopser-Polka.
29. Odeon-Quadrille.
30. Die Zillerthaler. Walzer im Ländlerstyle.
31. Quadrille nach Motiven der Oper: Die Belagerung von Rochelle, v. Balfe.
32. Irenen-Walzer.
33. Alexander-Quadrille.
34. Die Jovialen. Walzer.
35. Architekten-Ball-Tänze.
36. Industrie-Quadrille.
37. Wilhelminen-Quadrille.
38. Bacchus-Polka.
39. Slaven-Potpourri.

Op.
40. Quadrille über beliebte Motive der Oper Die Königin von Leon, v. Boisselot.
41. Sängerfahrten. Walzer.
42. Wilde Rosen. Walzer.
43. Explosions-Polka.
44. Fest-Quadrille.
45. Ernte-Tänze. Walzer.
46. Martha-Quadrille.
47. Dorfgeschichten. Walzer.
48. Seladon-Quadrille.
49. Fest-Marsch.
50. Klänge aus der Walachei. Walzer.
51. Marien-Quadrille (nach rumänischen Melodien).
52. Freiheitslieder. Walzer.
53. Annika-Quadrille.
54. Revolutions-Marsch.
55. Burschenlieder. Walzer.
56. Studenten-Marsch.
57. Ligourianer-Seufzer. Scherz-Polka.
58. Brünner National-Garde-Marsch.

Aug. Cranz, Leipzig:

59. Quadrille nach Motiven aus der Oper - Der Blitz, von Halévy.
60. Geisselhiebe. Polka.

Kratochwill, Wien:

61. Neue steirische Tänze.

Aug. Cranz, Leipzig:

62. Einheitsklänge. Walzer.
63. Sanssouci-Quadrille.
64. Fantasiebilder. Walzer.
65. Nicolai-Quadrille, nach russischen Themen.
66. D' Woadbuama. Walzer im Ländlerstyle.
67. Kaiser Franz Josef-Marsch.
68. Aeolstöne. Walzer.

Schlesinger, Berlin:

69. Triumph-Marsch.

Aug. Cranz, Leipzig:

70. Die Gemüthlichen. Walzer.
71. Künstler-Quadrille.

Op.

72. Scherzpolka.
73. Frohsinnsspenden. Walzer.
74. Lava-Ströme. Walzer.
75. Sofien-Quadrille.
76. Attaque-Quadrille.
77. Wiener Garnisons-Marsch.
78. Heiligenstädter Rendez-vous-Polka.
79. Maxing-Tänze. Walzer.
80. Heski-Holki-Polka.
81. Luisen-Sympathie-Klänge. Walzer.
82. Johanniskäferl-Walzer.
83. Ottinger Reitermarsch.
84. Warschauer-Polka.
85. Heimathskinder. Walzer.
86. Bonvivant-Quadrille.
87. Aurora-Balltänze. Walzer.
88. Slavenball-Quadrille.
89. Hirtenspiele. Walzer.
90. Orakelsprüche. Walzer.
91. Hermann-Polka.
92. Maskenfest-Quadrille.
93. Kaiser-Jägermarsch.
94. Rhadamantus-Klänge. Walzer.

Schlesinger Berlin:

95. Idyllen. Walzer.
96. Viribus unitis. Walzer.
97. Gambrinus-Tänze.
98. Promenade-Quadrille.
99. Frauen-Käferln. Walzer.
100. Vöslauer-Polka.
101. Mephisto's Höllenrufe. Walzer.
102. Albion-Polka.
103. Vivat! Quadrille.
104. Windsor-Klänge. Walzer.
105. 5 Paragraphe aus dem Walzer-Codex.
106. Harmonie-Polka.
107. Grossfürsten-Marsch.
108. Die Unzertrennlichen.
109. Tête-à-tête-Quadrille.
110. Elektro-magnetische Polka.
111. Blumen-Polka.
112. Melodien-Quadrille nach Verdi.
113. Sachsen-Kürassier-Marsch.
114. Liebes-Lieder. Walzer.
115. Wiener Jubel-Gruss-Marsch.
116. Hofball-Quadrille.
117. Annen-Polka.
118. Lockvögel. Walzer.
119. Volkssänger. Walzer.
120. Nocturne-Quadrille.
121. Zehner-Polka.
122. Indra-Quadrille.
123. Satanella-Quadrille.

Op.

124. Satanella-Polka.
125. Phönix-Schwingen. Walzer.
126. Jubelmarsch.
127. Freudengruss-Polka.
128. Salonsprüche. Walzer.
129. Motor-Quadrille.
130. Aesculap-Polka.
131. Wiener Punsch-Lieder. Walzer.
132. Veilchen-Polka.
133. Karoussel-Marsch.
134. Tanzi-Bäri-Polka.
135. Bouquet-Quadrille.
136. Vermählungs-Toaste. Walzer.
137. Neuhauser-Polka.
138. Pepita-Polka.
139. Kron-Marsch.
140. Knallkügerln. Walzer.
141. Wellen und Wogen. Walzer.
142. Wiedersehen-Polka.
143. Schneeglöckchen. Walzer.
144. La Viennoise. Polka-Mazurka.
145. Bürgerball-Polka.
146. Novellen. Walzer.
147. Musen-Polka.
148. Schallwellen. Walzer.
149. Erzherzog Wilhelm Genesungs-Marsch.
150. Ballgeschichten. Walzer.
151. Elisen-Polka.
152. Karnevals-Spektakel-Quadrille.
153. Nordstern-Quadrille.
154. Myrthenkränze. Walzer.
155. Haute-volée-Polka.
156. Napoleon-Marsch.
157. Nachtfalter. Walzer.
158. Alliance-Marsch.
159. Schnellpost-Polka.
160. Ella-Polka.
161. Panacea-Klänge. Walzer.
162. Souvenir-Polka.
163. Glossen. Walzer.
164. Sirenen. Walzer.
165. Aurora-Polka.
166. Handels-Elite-Quadrille.
167. Man lebt nur einmal. Walzer.
168. Leopoldstädter Polka.
169. Bijouterie-Quadrille.
170. Nachtveilchen. Polka-Mazurka.
171. Freuden-Salven. Walzer.
172. Gedanken auf den Alpen. Walzer.
173. Marie Taglioni-Polka.
174. Le Papillon. Polka-Mazurka.
175. Erhöhte Pulse. Walzer.
176. Armenball-Polka.

Op.

177. Juristenball-Tänze.
178. Sans-souci-Polka.
179. Abschiedsrufe. Walzer.
180. Libellen. Walzer.
181. Grossfürstin Alexandra-Walzer.
182. L'Inconnue. Polka française.
183. Krönungsmarsch.
184. Krönungslieder. Walzer.
185. Strelna-Terrassen-Quadrille.
186. Demi-fortune. Polka française.
187. Une Bagatelle. Polka-Mazurka.
188. Herzel-Polka.
189. Paroxysmen. Walzer.
190. Etwas Kleines. Polka française.
191. Controversen. Walzer
192. Wien mein Sinn. Walzer.
193. Phänomene. Walzer.
194. La Berceuse. Quadrille.
195. Telegraphische Depeschen. Walzer.
196. Olga. Polka française.
197. Spleen. Polka-Mazurka.
198. Alexandrinen-Polka française.
199. Le beau-monde. Quadrille.
200. Souvenir de Nizza. Walzer.
201. Künstler-Quadrille.
202. L'Enfantillage. Polka française.
203. Helenen-Polka.
204. Vibrationen. Walzer.
205. Die Extravaganten. Walzer.
206. Concordia. Polka-Mazurka.
207. Cycloyden. Walzer.
208. Juxbrüder. Walzer.
209. Spiralen. Walzer.
210. Abschied von St. Petersburg. Walzer.
211. Champagner-Polka.
212. Fürst Bariatinsky-Marsch.
213. Bonbon-Polka française.
214. Tritsch-Tratsch-Polka.
215. Gedankenflug. Walzer.
216. Hell und voll. Walzer.
217. La Favorite. Polka française.
218. Irrlichter. Walzer.
219. Auroraball-Polka française.
220. Deutsche. Walzer.
221. Promotionen. Walzer.
222. Nachtigall-Polka.
223. Schwungräder. Walzer.
224. Dinorah-Quadrille.
225. Gruss an Wien. Polka française.
226. Der Kobold. Polka-Mazurka.
227. Reise-Abenteuer. Walzer.
228. Niko-Polka.
229. Jäger-Polka française.

Op.

230. Kammerball-Polka française
231. Drolerie-Polka française.
232. Lebenswecker. Walzer.
233. Sentenzen. Walzer.
234. Accelerationen. Walzer.
235. Immer heiterer. Walzer.
236. Orpheus-Quadrille.
237. Taubenpost. Polka française.
238. Die Pariserin. Polka française.
239. Polka-Mazurka champêtre.
240. Maskenzug-Polka franç.
241. Fantasieblümchen. Polka-Mazurka.
242. Bijoux-Polka franç.
243. Romanze.
244. Diabolin-Polka franç.
245. Thermen. Walzer.
246. Rokonhangok. Sympathie - Polka française.
247. Grillenbanner-Walzer.
248. Camelien-Polka.
249. Hesperus-Polka franç.
250. Wahlstimmen. Walzer.
251. Klangfiguren. Walzer.
252. Dividenden. Walzer.
253. Schwärmereien. Walzer.
254. Neue Melodien-Quadrille.
255. St. Petersburg. Quadrille.
256. Veilchen. Mazurka.
257. Perpetuum mobile. Musikal. Scherz
258. Sekunden-Polka franç.
259. Chansonetten-Quadrille.
260. Furioso-Polka, quasi Galopp.
261. Die ersten Kuren. Walzer.
262. Kolonnen. Walzer.
263. Studenten-Polka franç.
264. Patronessen. Walzer.
265. Motoren. Walzer.
266. Luzifer-Polka.
267. Konkurrenzen. Walzer.
268. Wiener Chronik. Walzer.
269. Demolierer-Polka franç.
270. Karnevals-Botschafter. Walzer.
271. Bluette. Polka franç.

Aug. Cranz, Leipzig:

272. Un ballo in maschera, opera di Verdi. Quadrille.

Schlesinger, Berlin:

273. Leitartikel. Walzer.
274. Patrioten-Polka.
275. Lieder-Quadrille.
276. Bauern-Polka franç.
277. Invitation à la Polka-Mazurka.
278. Neues Leben. Polka franç.

Aug. Cranz, Leipzig:

Op.
279. Morgenblätter. Walzer.
280. Juristenball-Polka (schnell).
281. Vergnügungszug. Polka (schnell).
282. Gut bürgerlich. Polka française.
283. Saison-Quadrille.
284. Deutscher Krieger-Marsch.
285. Studentenlust. Walzer.
286. Patronessen. Polka française.
287. Verbrüderungsmarsch.
288. Newa-Polka française.
289. Persischer Marsch.
290. Quadrille sur des airs français.
291. 's giebt nur a Kaiserstadt, 's giebt nur a Wien. Polka (schnell).
292. Aus den Bergen. Walzer.
293. Feuilleton-Walzer.
294. Process-Polka (schnell).
295. Bürgersinn. Walzer.
296. Episode. Polka française.
297. Electrophor. Polka (schnell).
298. Hofballtänze. Walzer.
299. L'Africaine, Opera de Meyerbeer. Quadrille.
300. Flugschriften. Walzer.
301. Kreuzfidel. Polka française.
302. Die Zeitlose. Polka française.
303. Bal champêtre. Quadrille.
304. Kinderspiele. Polka française.
305. Damenspende. Polka française.
306. Bürgerweisen. Walzer.
307. Wiener Bonbons. Walzer.
308. Par force. Polka (schnell).
309. Sylphen-Polka française.
310. Tändelei. Polka-Mazurka.
311. Express-Polka (schnell.)
312. Feen-Märchen. Walzer.
313. Wildfeuer. Polka française.
314. An der schönen blauen Donau. Walzer.
315. Lob der Frauen. Polka-Mazurka.
316. Künstlerleben. Walzer.
317. Postillon d'amour. Polka française.
318. Telegramme. Walzer.
319. Leichtes Blut. Polka schnell).
320. Figaropolka.
321. Die Publicisten. Walzer.
322. Stadt und Land. Polka-Mazurka.
323. Ein Herz ein Sinn. Polka-Mazurka.
324. Unter Donner und Blitz. Polka (schnell).

Op.
325. Geschichten aus dem Wienerwald. Walzer.
326. Freikugeln. Polka (schnell).
327. Ein Tag des Glücks. Oper von Auber. Quadrille.
328. Sängerlust. Polka française.
329. Erinnerung an Covent-Garden. Walzer nach englischen Volksliedern.
330. Fata morgana. Polka-Mazurka.
331. Illustrationen. Walzer.
332. Eljen a Magyar. Ungarische Polka.
333. Wein, Weib und Gesang. Walzer.
334. Königslieder. Walzer.
335. Egyptischer Marsch.
336. Im Pawlowskwalde (Krapfenwaldl.) *) Polka française.
337. Von der Börse. Polka française.
338. Slovianka - Quadrille nach russischen Melodien.
339. Louischen. Polka française.
340. Freut euch des Lebens. Walzer.
341. Festival-Quadrille nach englischen Melodien.
342. Neu-Wien. Walzer.
343. Shawl - Polka française, aus d. Operette Indigo.
344. Indigo-Quadrille n. Motiven d. Operette Indigo.
345. Auf freiem Fusse! Polka nach Motiven der Operette Indigo.
346. Tausend und eine Nacht. Walzer nach Motiven der Operette Indigo.
347. Aus der Heimath! Polka Mazurka.
348. Im Sturmschritt. Polka (schnell).
349. Indigo-Marsch.
350. Lustiger Rath! Polka française.
351. Die Bajadere. Polka (schnell).
352. Fest-Polonaise. *)
353. Russische Marsch-Fantasie. *)
354. Wiener Blut. Walzer.
355. Im russischen Dorfe. Fantasie.
356. Vom Donaustrande. Polka (schnell).
357. Carnevalsbilder. Walzer.
358. Nimm sie hin! Polka française.
359. Gruss aus Oesterreich. Polka-Mazurka.

(356–359: Nach Motiven der Operette: Der Carneval in Rom.)

360. Rotunde-Quadrille.
361. Bei uns z'Haus. Walzer.

*) An diesen Stellen wird das bei Breitkopf & Härtel erschienene Verzeichniss der Werke von Joh. Strauss richtig gestellt.

Op.

362. Fledermaus - Polka nach Motiven der Operette: Die Fledermaus.
363. Fledermaus-Quadrille.
364. Wo die Citronen blüh'n. Walzer.
365. Tik-Tak. Polka (schnell).
366. An der Moldau. Polka franç.
367. Du und Du. Walzer.
368. Glücklich ist, wer vergisst. Polka-Mazurka.

Nach Motiven der Operette: Die Fledermaus.

369. Cagliostro-Quadrille.
370. Cagliostro-Walzer.
371. Hoch Oesterreich! Marsch.
372. Bitte schön! Polka française.
373. Auf der Jagd Schnell-Polka.
374. Licht und Schatten. Polka-Maz.

Nach Motiven der Operette: „Cagliostro in Wien“.

375. O schöner Mai! Walzer.
376. Methusalem-Quadrille.
377. I-Tipferl-Polka française.
378. Banditen-Galopp. Polka(schnell).
379. Kriegers Liebchen. Polka-Maz.

Nach Motiven der Operette: „Prinz Methusalem“.

380. Ballsträusschen. Schnell-Polka.
381. Kennst du mich? Walzer.
382. Pariser Polka française.
383. Nur fort! Schnell-Polka.

NachMotiv. d. Operette: „Blindekuh“.

384. Opern-Maskenball-Quadrille.
385. Waldine. Polka-Mazurka.
386. Frisch heran. Schnell-Polka.
387. In's Centrum! Walzer.
388. Rosen aus dem Süden. Walzer.
389. Burschenwanderung. Polka française.

Nach Motiven der Operette: Das Spitzentuch der Königin.

390. Nordseebilder. Walzer.
391. Gavotte der Königin.
392. Spitzentuch-Quadrille.
393. Stürmisch in Lieb' und Tanz. Schnell-Polka.
394. Liebchen schwing' Dich. Polka-Mazurka.

Nach Motiven der Operette: Das Spitzentuch der Königin.

395. Myrthenblüthen. Walzer.
396. Jubelfest-Marsch.
397. Der lustige Krieg. Marsch.
398. Frisch in's Feld. Marsch.
399. „Was sich liebt, neckt sich“. Polka française.
400. Kuss-Walzer.
401. Der Klügere giebt nach. Polka-Mazurka.
402. Quadrille.
403. Entweder — oder! Schnell-Polka.
404. Violetta. Polka française.
405. Nord und Süd. Polka-Mazurka.

Nach Motiven der Operette: Der lustige Krieg.

Op.

406. Matador-Marsch. (Nach Motiven der Operette: „Der Spitzentuch der Königin.“)
407. Italienischer Marsch. (Nach Motiven der Operette: „Der lustige Krieg.“)
408. Habsburg hoch! Marsch.
409. Rasch in der That. Schnell-Polka.
410. Frühlingsstimmen. Walzer.
411. Lagunen-Walzer.
412. Papacoda-Polka française.
413. So ängstlich sind wir nicht! Schnell-Polka (Galopp).
414. Die Tauben von San Marco. Polka française.
415. Annina. Polka-Mazurka.
416. Quadrille.

Nach Motiven der komischen Oper: „Eine Nacht in Venedig“.

417. Brautschau. Polka
418. Schatz-Walzer
419. Kriegs-Abenteuer. Galopp.
420. Die Wahrsagerin. Polka-Maz.
421. Husaren-Polka.

Nach Motiven der Operette: „DerZigeunerbaron“.

422. Zigeunerbaron-Quadrille.
423. Wiener Frauen-Walzer.
424. Adelen-Walzer.
425. An der Wolga. Polka-Mazurka.
426. Russischer Marsch.
427. Donauweibchen. Walzer.
428. Reitermarsch.
429. Quadrille.
430. Soldatenspiel. Polka française.
431. Lagerlust. Polka-Mazurka.
432. Mutig voran! Schnell-Polka.

Aus Simplicius.

433. Spanischer Marsch.
434. Kaiser-Jubiläum. Jubel-Walzer.
435. Sinnen und Minnen. Walzer.
436. Auf zum Tanz! Galopp.

N. Simrock, Berlin:

437. Kaiser-Walzer.
438. Rathhausball-Tänze. Walzer.
439. Durch's Telephon. Polka.
440. Gross-Wien. Walzer.
441. Unparteiische Kritiken. Polka-Mazurka.
442. Seid umschlungen Millionen. Walzer.
443. Märchen aus dem Orient. Walzer.

Aug. Cranz, Leipzig:

444. Ninetta-Walzer aus Fürstin Ninetta.

N. Simrock, Berlin:

445. Herzenskönigin. Polka-Mazurka.

Aug. Cranz, Leipzig:

446. Ninetta-Quadrille.
447. Ninetta-Marsch.
448. Diplomaten-Polka.
449. Neue Pizzicati-Polka.

Aus Fürstin Ninetta.

C. Lewy, Wien:

Op.

452. Fest-Marsch.
453. Hochzeitsreigen. Walzer.
454. Auf dem Tanzboden. Musikal. Illustration zu dem gleichnamigen Gemälde von Franz Defregger.
455. Ich bin dir gut. Walzer.
456. Zivio! Marsch.
457. Das Comitat geht in die Höh'. Schnell-Polka.
458. Tanze mit dem Besenstiel! Polka française.
459. Sonnenblume. Polka-Mazurka.

(455–459: Aus Jabuka.)

460. Jabuka-Quadrille.

Berté & Comp., Wien:

462. Klug Gretelein: Gretchen, darfst nicht allein in den Wald.

Bote & Bock, Berlin:

Op.

463. Trau — Schau — Wem! Walzer.
464. Herrjemineh-Polka française.
465. Liebe und Ehe. Polka-Mazurka.
466. Klipp-Klapp. Galopp.
467. Es war so wunderschön. Marsch.

(463–467: Aus Waldmeister.)

468. Waldmeister-Quadrille.
469. Hochzeits-Präludium, f. Orgel (Harm. Violine und Harfe.

Aug. Cranz, Leipzig:

470. Deutschmeister-Jubiläums-Marsch.

Berté, Wien:

471. Heut' ist heut'. Walzer.
472. Nur nicht mucken. Polka française.
473. Wo uns're Fahne weht. Marsch.

(471–473: Nach Motiven der Operette: die Göttin der Vernunft.)

J. H. Seeling, Dresden:

477. An der Elbe. Walzer.

Traumbilder. Phantasiestücke (Nachlass).

Bühnenmusik.

(Opern, Operetten und Ballet.)

Aug. Cranz, Leipzig:

1. Indigo.
2. Der Carneval in Rom.
3. Die Fledermaus (La tzigane).
4. Cagliostro in Wien.
5. Prinz Methusalem.
6. Blindekuh.
7. Das Spitzentuch der Königin.
8. Der lustige Krieg.
9. Eine Nacht in Venedig.
10. Der Zigeunerbaron.
11. Simplicius.

Simrock, Berlin:

12. Ritter Pázmán.

Aug. Cranz, Leipzig:

13. Fürstin Ninetta.

G. Lewy, Wien:

14. Jabuka.

Bote und Bock, Berlin:

15. Waldmeister.

Berté, Wien:

16. Die Göttin der Vernunft.

(Nachlass)

16. Aschenbrödel.

INHALTS-VERZEICHNISS.